汉英

翻译过程中的
难译现象处理

张焱 著

Settling Aporia in English–Chinese Translation

中国社会科学出版社

图书在版编目（CIP）数据

汉英翻译过程中的难译现象处理/张焱著.—北京：
中国社会科学出版社，2015.4（2016.11 重印）
ISBN 978 - 7 - 5161 - 5921 - 7

Ⅰ.①汉…　Ⅱ.①张…　Ⅲ.①英语—翻译—研究
Ⅳ.①H315.9

中国版本图书馆 CIP 数据核字（2015）第 070732 号

出 版 人	赵剑英	
责任编辑	刘晓红	
责任校对	周晓东	
责任印制	戴　宽	

出　　　版	中国社会科学出版社
社　　　址	北京鼓楼西大街甲 158 号
邮　　　编	100720
网　　　址	http：//www.csspw.cn
发 行 部	010 - 84083685
门 市 部	010 - 84029450
经　　　销	新华书店及其他书店

印　　　刷	北京君升印刷有限公司
装　　　订	廊坊市广阳区广增装订厂
版　　　次	2015 年 4 月第 1 版
印　　　次	2016 年 11 月第 2 次印刷

开　　　本	710 × 1000　1/16
印　　　张	12.5
插　　　页	2
字　　　数	211 千字
定　　　价	39.00 元

凡购买中国社会科学出版社图书，如有质量问题请与本社营销中心联系调换
电话：010 - 84083683
版权所有　侵权必究

序

    2013年9月我去外国语学院调研，张教授做了一个关于学科建设方面的发言，提出了外国语学院要努力争取申报硕士点的建议，他的这个建议和我的想法不谋而合。鉴于张教授在吉林大学有研究生教育的经历，我就再次约见了张教授，一起深入探讨了申报翻译专业硕士点的优势与困难。虽然外国语学院建院时间比较晚，又承担着全校各层次各专业的公共英语教学和英语、日语两个本科专业的教学和专业建设重任，但外国语学院从领导到教师都保持着对学科建设的不懈努力，对申报翻译专业硕士点抱有很大的决心，这极大地增强了我对建设翻译专业硕士点的决心和信心。

    因此，我于去年11月份再次带着研究生院、发展规划处、社会科学处等职能部门领导去外国语学院调研。我们形成了一个共识，学校迫切需要设立人文社会科学研究成果和专著的出版专项基金，用来资助为提升人文社会科学学科专业发展的序列专著的出版。

    在这以后的将近半年的时间里，张教授夜以继日、废寝忘食、呕心沥血，将其撰写的《英汉翻译过程中的难译现象处理》和《汉英翻译过程中的难译现象处理》两本翻译类学术专著整理定稿，付诸出版，为学校申报翻译专业硕士点奠下了一块沉甸甸的基石。此情此景，令人钦佩，可圈可点，可贺可嘉。于是，我虽才疏学浅、不善文字，但还是欣然接受了张教授之盛情邀请，为其专著写序。

    《英汉翻译过程中的难译现象处理》和《汉英翻译过程中的难译现象处理》两本专著，是张教授通过总结自身翻译工作和教学经验，充分汲取同业精英的翻译论述而撰写的。我也搞过医学方面的翻译工作，对于翻译过程中出现的难译现象，由于缺少总结性的参考书，一直都觉得无从下手。张教授把翻译过程中遇到的难译现象进行归类、分析和总结，最终形成了这方面的专著，为今后处理翻译过程中的难译现象提供了一个系统性的参考。希望《英汉翻译过程中的难译现象处理》和《汉英翻译过程中的难译现象处理》成为翻译工作者爱不释手的工具。

吕建新
2015 年 3 月 31 日

目　　录

第一章　成语的翻译方法

第一节　成语的概念和特点

《辞海》将成语定义为："……是熟语的一种，习用的固定词组。"汉语成语一般是四字结构，属于具有某种特定含义的定型词组，它不等同于谚语、格言、惯用语及歇后语。成语是习惯用语的一种，是人们在长期实践和使用过程中提炼出的语言结晶，也是修辞手法的集中体现。成语一般来源于古代经典、著名作品、历史故事、民间传说等，通常都具有鲜明的形象与浓厚的民族色彩特征。它一般结构紧密、意义精辟。

汉语作为一种历史悠久的语言拥有大量的成语，这些成语蕴含着丰富的文化信息，并折射出东方民族独特的思维方式。据统计，《辞源》共收词十万多条，其中成语就有四千多条，中国人日常口语中，成语的使用率约占百分之十到百分之二十。

汉语成语具有以下特点：①简洁、寓意深刻。中文成语简洁，有力、富有想象力，能够生动地描绘事物。②话外音，言外之意。中文成语的寓意通常不体现在字面之上，而是寓于之中。③固定搭配。中文成语的形式比较单一，搭配比较固定，很少能够进行替换。④带有感情色彩。中文成语一般带有感情色彩，如褒义、中性、贬义。①

---

① 任迎新：《浅谈中文成语的翻译方法》，《吉林华侨外国语学院学报》2007 年第 1 期。

第二节　翻译成语应遵循的原则和策略

关于把汉语的成语翻译成英语所应该遵循的原则，业界一致认为有以下几个方面：

一　准确表达原文意思

著名翻译家尤金·奈达在 Language，Culture and Translation（Shanghai Foreign Language Education Press，1997）中指出："Translating consists in reproducing in the receptor language the closest natural equivalent of the source language message，first in terms of meaning，and secondly in terms of style."这段话中对翻译的要求首先集中在对原文意义的理解上，认为意义第一、形式第二。

翻译的目的就是为了将原文的意思用译语重新表达出来，使看不懂原文的读者能通过译文获得原文的意思。因此，准确地表达原文的意思就成为了翻译的首要原则。如果不能把原文的意思准确表达出来，使读者懂得原文的含义，那就失去了翻译的意义，就不是翻译了。我国清末著名翻译家严复提出的翻译标准"信、达、雅"中的"信"（faithfulness），指的就是对原文理解的准确性。

为了做到准确表达原文意思，通常要做到以下几点：

（一）准确理解原文

要准确地将汉语成语翻译成英语，首先要准确理解汉语成语的意思。比如在翻译汉语成语"胸有成竹"时，如果了解这个成语的意思是"心里有了十足的成功把握"，就会把它翻译成 to have a well - thought - out plan。如果不了解该成语的实际意思，只是望文生义地把它理解为"胸中有现成的竹子"，再把它翻译成 to have a bamboo rod in the chest，必然会造成重大的误解，带来很多麻烦。

一个汉语成语可以译成两个或两个以上的英语表达，英汉双方意义是否对应，这是值得思考的问题。如"狡兔三窟"和"The mouse that has but one hole is quickly taken"，比喻不同，表达方法不一样（一用兔喻，一用鼠喻，一正一反），但含义却相似，都指为了安全多找隐蔽处。又如"亡羊补牢"与"Lock the stable door after the horse has been stolen"表面看相似，实则无法等同起来。汉语中"亡羊补牢"暗含为时未晚之意，而英语中表达的是为时已晚，意义正好相反。可见形象相似的汉语与英语的固定表达法，比喻义有时却常常并不一样。英汉两种语言反映的是两种民族各自不同的文化特点。因此，进行汉语成语的翻译时，应结合语境正确理解，切莫胡乱硬译，或不假思索地套译。①

（二）弄清楚原文的褒贬义

多数汉语成语都能从字面上看出褒义和贬义，因此在把它翻译成英语时一定要注意选用与之语义相符合的词或者词组，这样就不会形成误会。比如汉语成语"锦上添花"，它是一个很明显的褒义成语。可是在个别作品中就把它翻译成了 to paint the lily。而这一表达在英语中暗含了"画蛇添足"之意，明显具有贬义，这就失去了对原文意思的准确理解。对"锦上添花"这一成语的正确译法应该是 embroider flowers on a brocade dress—to make the fine splendid。

（三）把握好原文的语气轻重

众所周知，我们在翻译汉语的"亚洲四小龙"时，没有按照字面意思把它翻译成"four dragons in Asia"，而是把它翻译成了符合英语习惯的"four tigers in Asia"。究其原因，因为虽然"龙"这个词在汉语中象征着吉祥、尊贵、威严和力量，中国人也把自己称为龙的传人，龙还是帝王的象征，历代皇帝都把自己称为"真龙天子"。然而在西方文化字典中，关于"dragon"这个词却有着如下解释：①A fabulous monster represented as a gigantic reptile having a lion's claws, the tail of a serpent, wings and a scaly skin；②a fiercely vigilant or intractable woman。由此可见，在西方文化中 dragon 是邪恶的代表，是一种狰狞的怪兽，是恶魔的化身。如果直接用"dragon"这个词来翻译"龙"，必然会引起读者对亚洲这四个国家的憎恶感，在语气上就失去了"经济活跃的后起之秀"这个意思。本来在语气上的轻松感就会荡然无存，因而失去了原有的意思。

二　容易被读者理解和接受

如果把前面所说的第一条原则理解为严复的"信"，那么本条原则就应该被理解为"达"。这条原则也可以用英语中的"acceptability"一词来进行阐释。

---

① 王宁：《汉语成语翻译技巧初探》，《天津职业大学学报》2009 年第 6 期。

"acceptability" 是指译文读者对译文能否完全理解，译文是否明白易懂。可接受性高低直接影响翻译的效果，即读者对译文的理解程度。因而可接受性也是翻译最重要的原则之一。如果一个成语翻译得可接受性不好，轻则会使人读起来觉得别扭、不舒服，不像是本国人说的话；重则使人费解，莫名其妙，以至于完全看不懂，不知所云。这样的译文读者不明白，很费解，看不下去甚至根本不想看。那么，语言再忠实，对原文意思表达的再准确也是没有用处的。① ①"人不可貌相，海水不可斗量"这个成语应该翻译成 We cannot judge a person by appearance only。而不能译成外国人根本看不懂的 A man cannot be known by his look，nor can the ocean be measured by a dipper。②"水落石出"应该翻译成 All secrets may eventually come to light。而不应直接翻译成 As the water level sinks，the stones are exposed。

三 尽量再现原文的表现风格

再现原文的表现风格，可以理解为严复翻译标准中的"雅"，但也不完全。但是这样做的结果却可以既保证译文的准确性，又保证译文的可接受性。如："这是他梦寐以求的东西"一句，一种译法为 That is what he longs for. 另一种译法为 That is what he has been longing for days and nights。第一种译法没把形象全部译出，而第二种译法就译得形象生动。"不入虎穴，焉得虎子"。一种译法为 Nothing venture，nothing have. 另一种译法为 How can you catch tiger cubs without entering the tiger's lair? 比较两种译文，前种译文采用的意译法，丧失了原文所要表达的文化内涵，体现不出原文的思想感情；后一种译文采用的直译法，完全或部分地保留了原文的形象，从而保留了汉语的语言特色。因此，翻译时要切实依据语境，把握好文章的内涵，不能随心所欲地乱译、硬译或死译。②

第三节　翻译成语的方法

一 直接翻译法

直译是指在不引起联想误会并保持原文信息的前提下，力求使译文与

---

① 胡娟：《汉译英中成语翻译的研究》，《文教论坛》2007 年第 9 期。
② 王宁：《汉语成语翻译技巧初探》，《天津职业大学学报》2009 年第 6 期。

原文在选词用字、句法结构、形象比喻及风格特征等方面尽可能趋于一致，译文和原文常用相同的表达形式来体现同样的内容，并且产生同样的效果。成语的翻译在能确切地表达原意和不违背译语语言文化规范的条件下，还是以直译为佳，这样既可保持原文的风貌也可使读者品尝到译文的原汁原味。众所周知，翻译的初衷即忠实于原文并且最大限度上保持原文的风格。直译法不仅忠实于原文而且能充分地体现一个国家的文化与传统，所以说在翻译中直译法是最可取的。

在一些汉语成语中，其使用的中文和英文中的一些词语无论在用词、词组结构或是词序上都大致相同，这样最好采取直译，以便保留汉语成语的比喻、形象和民族色彩。例如：

井底之蛙 to be like a frog at the bottom of a well

天诛地灭 Heaven and Earth destroy someone

走马观花 to ride out on horseback to look at flowers

百花齐放 Let a hundred flowers bloom

百家争鸣 Let a hundred schools contend

有的放矢 to shoot the arrow at a target

易如反掌 to be as easy as turning over one's hands

见风使舵 to steer according to the wind

血浓于水 Blood is thicker than water

猫哭老鼠 The cat weeps over the mouse

对牛弹琴 Play the harp to bull

祸不单行 Misfortunes never come singly

垂涎三尺 Make one's mouth water

自食其果 Eat the fruit of one's own doing

声东击西 to shout in the east and strike in the west

牢不可破 to be so strongly built as to be indestructible

攻其不备 to strike somebody when he is unprepared

一语道破 to hit the mark with a single comment

许多汉语成语具有明喻修辞手法，人们凭字面意义和生活经验完全可以理解，这类成语可以直译。这类成语的一个突出特征就是在成语中都会出现喻词"如"。一般情况下，通过直译可以完整地保存原词的形象比喻，使译文同原文一样富有感染力。例如：

如鱼得水 to be just like fish in water

如获至宝 as if one has found a treasure

守口如瓶 to keep one's mouth closed like a bottle

了如指掌 to know as one knows his ten fingers

有些汉语成语的隐含意义很明显或很容易推断，读者只要用心体会，就会明白其隐含意义。这种情况如果采用直译，不但可以保留原文的形象，而且会增加阅读的趣味。例如：

悬崖勒马 to rein in on the brink of the precipice

水涨船高 When the river rises the boat floats high

旗开得胜 to win victory as soon as its banner is displayed

山高皇帝远 The mountains are high and the emperor is far away

前事不忘后事之师 Past experience, if not forgotten, is a guide for future

不鸣则已一鸣惊人 It never rains but it pours

江山易改本性难移 Mountains can be removed and oceans can be land filled, but one's nature can hardly be changed

二 对等翻译法

汉英成语翻译虽然以直译为主，但是在汉英语言中有许多成语不仅在内容和形式上都相符合，而且还有完全或基本相同的意义或寓意，故译者可利用汉英成语同义这一特点来进行翻译。如：

班门弄斧 to teach the fish swim

空中楼阁 Castles in the air

火上加油 to add fuel to the flames

竭泽而渔 to drain a pond to catch all the fish

杀鸡取卵 Kill the goose that lays the golden eggs

玩火自焚 to get burnt by the fire kindled by oneself

雪中送炭 to send charcoal in snowy weather

心宽体胖 to laugh and to grow fat

不伦不类 Neither fish nor flesh /fowl

小题大做 Make a mountain out of a molehill

赴汤蹈火 go through fire and water

横行霸道 Throw one's weight about

赔了夫人又折兵 to throw the helve after the hatchet

上梁不正下梁歪 Fish begins to stink at the head

一些汉语成语不仅在运用比喻上与原文相似，而且在意义上也与原文惊人的一致，无论是字面意义还是言外之意。因此英语对应语的使用是必要的、合理的。如：

隔墙有耳 Walls have ears

笑掉大牙 Laugh off one's head

挥金如土 to spend money like water

破釜沉舟 to burn one's boats

趁热打铁 to strike while the iron is hot

得寸进尺 Give him an inch and he'll take an ell /a mile

滴水穿石 Constant dropping wears/hollow out the stone

一些汉语成语与其原文均没有运用比喻，仅仅体现其字面意义，浅显易懂。在忠于原文的基础上，我们可以大胆地运用这些成语的英语对应语。如：

来来往往 to and fro

公平合理 Fair and square

贪多必失 Grasp all, lose all

少年老成 to have an old head on young shoulders

格格不入 Like square pegs in round holes

改过自新 to turn over a new leaf

本末倒置 to put the cart before the horse

三 注解翻译法

语言都有习惯表达，它们都有言外之意。所谓"言外之意"是指除字面信息之外的含义。由于找不到与源语相对应的表达，在翻译时需添加理解源语所需的文化信息和背景知识，这便是注解翻译法。其特点在于既能保留成语的比喻形象和文化蕴涵，又能确保译文容易为听者所理解。

这种翻译方法常用于典故成语的翻译。例如"东施效颦"这个成语的意思是胡乱模仿后导致了相反的结果。我们可以在先译出 Dong Shi imitated how Xi Shi knitted her brows 之后，再加注释 Xi Shi was one of the four beauties in ancient China. Dong Shi who was ugly tried to imitate Xi Shi's way, which made herself uglier. It means a blind。

Imitation with ludicrous effect. 有了这样的注释，所翻译的内容就可以最大限度地体现典故成语的文化内涵，让听者既对原文有了充分的理解，还增加了对中国历史文化的兴趣。

有些汉语成语直译往往令英文读者感到费解，此时应采用直译加注的方法，即加注原文的历史背景及典籍出处，这样才能充分表达原文的意义。比如"三请诸葛"可以翻译成 to invite Zhu Geliang three times。但是在此之后必须以注释的形式来说明诸葛亮其人其事：A hero of the Three Kingdoms period. He had to be asked three times before he would grant an interview to Liu Bei, whom he afterwards served, and helped to become emperor。

再比如"叶公好龙"这个成语，字面的翻译是 Lord Ye's love of dragons，但是为了让读者弄明白它的真实意思，必须加上下面这样的注解：Lord Ye was so fond of dragons that he adorned his whole palace with drawings and carvings of them. But when a real dragon heard of his infatuation and paid him a visit, he was frightened out of his wits。

四 意义翻译法

意义翻译法就是只保持原文内容，不保持原文形式的翻译方法或翻译文字。意译中译文的语言与原文的语言不能使用相同的表达形式来体现同样的内容。有些汉语成语的构成因素是中国所独有的，这些表现方法在读者心目中有时很难产生联想。如果直译，达不到交际及传播语言文化的目的，严重时会导致文化障碍。因此，在既不能采用直译又不能找到合适的同义成语来表达的情况下，译者可结合上下文内容进行意义翻译。①

　　大多数情况下，汉语成语所具有的文化特色在译语中难以用直译体现。为了让读者准确理解成语的喻义，我们常常采用意义翻译法。通常情况下，下面几类成语在汉译英时需要采用意义翻译法。

　　（一）字面意义和喻义不符的成语

　　有些成语的字面意义和喻义相去甚远，直译是无法传达出原文的确切含义，这时就得打破原文的结构模式，选择恰当的词语，将其意义表述出来。如"夜长梦多"，按字面理解 When night is long, there are many dreams 与其喻义"时间拖延得越久，事情可能发生各种不利的变化"大相径庭。因而应译为 for a long delay may mean trouble。

　　（二）逻辑性不强的成语

　　一些成语的字面意义逻辑性不强，直译后不知所言。对于这类成语，为了与原文意义保持一致，不得不牺牲其风格或色彩而进行意译。如"一五一十"直译是 One five, one ten，势必会使译文听者感到茫然，不知所云。只能放弃了原文的形式，选择其喻义意译为 in detail。

　　（三）某些固定意象的寓言成语

　　汉语中某些成语源于历史事件或寓言故事，由于沿用已久，失去了原来的故事性，在使用时人们很少会想起它们的形象而只用其喻义，那么英译时我们没有必要重述这种成语的出处，可结合上下文进行意译。例如句子"这是杞人忧天，多余的"。由于"杞人忧天"出现在人物对话中，没有必要交代"杞人"是谁，以及他如何"忧天"，因此，可意译为 It's unnecessary anxiety；再如"毛遂自荐"用 to volunteer one's service 来表达等。此类成语的意义翻译还有如"生龙活虎"bursting with energy；"顺手牵羊"walk off with something；"守株待兔"trust to chance and stroke of luck。

　　（四）带有文化差异的成语

　　有些成语中所表述的形象是中国特有的，而译出后大多不容易为西方人所理解和接受，这时就只需要译出含义，如"望子成龙"不可直译为 to hope that one son will become dragon，因为 dragon 在西方文化中往往带有贬义，而应译为 expecting their son to be an outstanding figure，② 与此类似

---

① 　陈秀珍：《汉英成语翻译及其文化因素》，《武警工程学院学报》1999 年第 4 期。

② 　龙晓明：《论汉语成语的口译策略》，《时代文学》（下半月）2010 年第 10 期。

的成语意义翻译还有：

暗送秋波 Make secret overture to sb，不可译为 Make sheep eyes to sb。

灯红酒绿 Dissipated and luxurious，不可译为 Red lantern and green wine。

开门见山 Come straight to the point，不可译为 Open the door and see the mountain。

大张旗鼓 on a large and spectacular scale，不可译为 So many flags and drums。

眉飞色舞 to beam with joy，不可译为 His eyebrows are flying and his countenance is dancing。

五　半译法和多译法

所谓半译法，即对于由两个意思相近的部分组成的汉语成语，可以只翻译出其中的一个部分，即可代表整个成语的意思。例如：

破釜沉舟 to burn the boat

捕风捉影 to catch at shadows

胡言乱语 to talk through one's hat

一寸光阴一寸金 Time is money

失之毫厘，差之千里 A miss is as good as a mile

壶小易热，量小易怒 A little pot is soon hot

心有灵犀一点通 A word is enough to the wise

多译法指的是为了适应翻译的语境要求而把一些汉语成语翻译成多个英语对应语，通过在使用过程中的灵活选择，来使得翻译的整体效果达到最佳。如"见风使舵"可以翻译成 to see how the wind blow；to trim one's sails；To trim to the wind。To see how the wind blow 强调"观望"而非"巨变"，因而它与原文不是十分符合。而后两个对应语虽然有些许不同，但都表达了 Steering in accordance to the wind 的意象，二者均可以使用。又如"雨后春笋"，既可以翻译为 Like mushroom，又可以翻译为 Like bamboo shoots after a spring shower。"猫哭老鼠"可以是 to shed crocodile tear，但有时为了文章的连贯性与准确性，我们更倾向于直译法，即 The cat weeps over the mouse。

第四节 翻译成语时应注意的几个方面

在把汉语成语翻译成英语的过程中，两种语言所各自拥有的文化背景会成为所有翻译工作者最难以协调处理的问题。从语言自身的角度看，语言是思想的客观反映。生活在不同社会角落的人类群体会拥有许多共同的生活经验和感受，因此也就产生了不同文化之间的重合之处（cultural overlaps）。作为当今世界使用最为广泛的两大语种，英语和汉语中这种情况的存在尤为突出，往往会出现同一名词拥有相同的内涵意义或者联想意义的现象。比如，在英汉两种语言中，狐狸都被用来比喻狡猾，猴子都被用来比喻机灵。

但往往由于受到客观条件的制约，这两种语言中也有大量用不同的名词来比喻和表达同一思想的现象。例如，汉语用"山中无老虎，猴子称霸王"，英语用"In the land of the blind, the one - eyed man is king"。成语能够突出地反映一个民族或一个文化的特点，汉英成语的差异正说明了这点。因此我们在把汉语成语翻译成英语的过程中，一定要着重考虑汉英文化之间的巨大差异。这些差异大体可以概括为以下几个方面：

（一）比喻上的不同

中国人常常用"杀鸡取卵"来比喻一个人贪心过甚，以至于一无所得。而英语则用"Kill the goose that lays golden eggs"来表达这个意思。还有如：爱屋及乌 Love me, love my dog；无风不起浪 No smoke without fire；湿得像落汤鸡 As wet as a drowned rat；蠢得像猪 As stupid as a goose，等等。

（二）地域文化的不同

中国人常常用"雨后春笋"来形容一般事物的迅速发展和大量涌现。英语则用"just like mushrooms"（犹如和蘑菇一样的众多）来形容同样的意思。这是因为竹子不是英国土生土长的植物，甚至连"bamboo"（竹）这个词也是引进的外来词。还有如：中国人会用"炎炎夏日"来形容酷暑难当，"夏天"常与酷暑炎热的天气联系在一起，而英国人则只会把夏天与温和的天气联系在一起。

（三）风俗习惯的不同

狗对于英国人来说，既可以用来看门或打猎，也可以视作人的伴侣和宠物。所以英国人对狗有好感，常用来比喻人的生活，如上文中提到的"Love me，love my dog"。中国民间虽有养狗的习惯，但一般在心理上却厌恶鄙视这种动物，常用来形容坏人坏事。如狗嘴里吐不出象牙 A filthy mouth can't utter decent words。

（四）历史来源的不同

"忽冷忽热"这个汉语成语没有深层意义上的历史来源，而相对应的英语成语"blow hot and cold"是出自《伊索寓言》，讲一个人冬夜在山林里迷路了，碰到山林小神（satyr）领他回自己的小屋，路上这人不断地呵气，山林小神问他干什么，他说手冷麻木了，呵气取暖。到家后，山林小神给他端来一碗热气腾腾的粥，那人端到嘴边又吹凉。山林小神问他又干什么，他回答说粥很烫，想把粥吹凉。山林小神对他说："你嘴里既吹热又吹冷（blow hot and cold with the same breath），这样的人我不接待，你走吧。"寓言原喻"避免与性情模棱两可的人交往"，现意："动摇不定，反复无常。"①

总之，把汉语成语翻译成英语的过程是比较复杂的。在这个翻译过程中，我们应该尽量采取灵活的方法，该直译的时候尽量直译，不该直译的时候再考虑采用其他翻译方法。要尽量避免在直译的时候把汉语成语和英语词组逐个对号入座，或者望文生义，或者生搬硬套。比较可取的做法是先读懂汉语成语的意思，包括字面意义和隐含意义，再联系上下文和语言结构的整体进行翻译。同时还要充分考虑汉民族的文化背景和语言特点，避免死译、硬译。

因此，我们在进行成语翻译时，一定要在具体的语境下考虑采用多种译法，而不是拘泥于其中一种。只有这样，才能灵活地处理文章中出现的成语。不过，如何才能做到汉语成语的英译与整篇文章珠联璧合、浑然一体，这是值得我们所有从事翻译工作的人在翻译理论和翻译实践中去不断摸索和探讨的问题。

---

① 胡娟：《汉译英中成语翻译的研究》，《文教论坛》2007 年第 9 期。

第二章　诗词的翻译

　　从理论上讲，中国的诗词是很难翻译的。因为诗歌蕴含在表面文字后面的内容太多，不可能用直接的文字翻译将它表达出来。造成这种困难的第一个原因是中国诗人的直抒情怀——诗人们总是在诗词中用简单的文字来表达复杂的心情，而这种心情是无法从字面翻译得出来的。第二个原因就是不同的民族有不同的历史，从而形成不同的文化，这种区别必然会体现在诗歌上。第三个原因是中国诗词文字的简练。中国诗人在写作诗词的时候几乎不遵照语法，全凭自己对语言的领悟。再加上出于精练语言的目的，诗词中会出现大量的引经据典，这些典故中国人尚且不能都弄明白，外国人就更无从知晓了。因此，要做到把中国的诗词翻译成外语，而且达到形神兼备的地步，是一门十分讲究又有迫切需要的学问。

第一节　翻译诗词的基本策略

一　模仿原诗的语音特点

　　在诗词中，诗人往往会采用独特的韵式，这样做除了使声音更加和谐悦耳之外，还有助于诗歌主题的传达。

　　如杜甫的《登高》一诗中有这样两句：无边落木萧萧下，不尽长江滚滚来。这里的"萧萧"和"滚滚"因使用了迭音迭字手段而产生一种音乐美效果，同时兼具视觉审美效果，于是许渊冲先生根据"三美"原则将其译为：

The boundless forest sheds its leaves shower by shower;
The endless river rolls its waves hour by hour.

这里，原诗的"无边"和"不尽"对仗工整，译文"boundless"和"endless"也是音、形、意俱美（‑less 对‑less，产生音、形双美；boundless 对 endless，产生意似之美），而且可以看到"boundless"和"endless"，"leave"和"wave"，"hour"和"shower"全都押韵，在模仿原作的语音特点方面，译者可谓费了不少心思。

二 模仿原文的造词法

杜甫曾在一首诗中写道："为人性僻耽佳句，语不惊人死不休"，既是诗人对诗词语言、造词严格要求的体现。"陌生化是诗歌语言的奇葩，是诗人高超艺术手法的体现。"如何在翻译中体现原诗千锤百炼的语言，传达作者的匠心，是值得译者深思的问题。以毛泽东的一首诗为例：

> 飒爽英姿五尺枪，
> 曙光初照演兵场。
> 中华儿女多奇志，
> 不爱红装爱武装。

最后一句"红装""武装"的对比生动形象，读起来朗朗上口，辜正坤将其翻译为"Who love battle array instead of gay attire in show"传达了原文的意思，但是太直白，没能体现原文的精彩。为了补偿这种形式美，许渊冲将其翻译为：（They love）To face the power and topower the face，这里重复"face"和"power"，第一个 face 是动词"面对"，第二个是"名词"；第一个"power"是名词，指火药、硝烟，第二个则指"涂脂抹粉"，形象地传达了"红装武装"的美。但也有人将其翻译为：They love to be battle‑dressed and not rosy‑dressed，这个译文里，dress 既有"着装"之意又有"化妆"之意。这样还可以保留原文中"装"字在形式上出现两次审美效果。

三 模仿原文的句式特点

对于原文中的一些特殊句法形式，译者应当充分利用汉语的灵活性，模仿原文的句式特点，以期取得与原文相类似的艺术效果，如陆游的《钗头凤》：

> 红酥手，

黄藤酒。

满城春色宫墙柳。

东风恶，

欢情薄。

一杯愁绪，

几年离索。

错、错、错！

许渊冲将其翻译成：

Pink hands so fine,

Gold – branded wine,

Spring paints the willows green palace walls can't confine.

East wind unfair,

Happy times rare.

In my heart sad thoughts throng:

We've severed for years long.

Wrong, wrong, wrong!

许先生的译诗用了三组尾韵，音响效果非常好。就保留原诗的句式而言，译诗采用长短句交错的方式，用字上与原句完全对应，音节数近似，尤其最后一句作者大胆模仿原文句式，保留了原文的形式美，是难得的文苑瑰宝。

四 模仿原文的篇章组织形式

不仅原文的内部句式特点可以模仿，原文独特的篇章组织形式也需要译者仔细思索推敲，尽量模仿保留，能使译文读者获得原文读者类似的美学享受，感受到原作的精妙。以元曲《天净沙·秋思》英译本为例进行分析：

《天净沙·秋思》

枯藤老树昏鸦，

小桥流水人家，

古道西风瘦马，

夕阳西下，

断肠人在天涯。

Cyril Birch 译本翻译如下：

Autumn Thought

Dry vine, old tree, crows at dusk.

Low bridge, stream running, cottages,

Ancient road, west wind, lean nag,

The sun westering

And one with breaking heart at the sky's edge.

Cyril Birch 保留了原诗的特点，用几个词组构成的简单意象成诗，保留了这种陌生化的表现形式，其长度与原诗大致相符，符合原诗简练的特点。意象派领袖人物庞德正是通过翻译中国古代诗歌，在其译作中直接保留意象并列的陌生化表现形式，从而开创了意象派，引领了英美诗歌的革新。[①]

第二节　翻译诗词的几种技巧

一　语音层面

为了达到音美方面的要求，展现音美的手段是多种多样的。诗歌中的尾韵是英诗和汉诗共有的，而头韵和行内韵是英诗本色。

（一）押头韵

英语的一个句子或一行诗文里，两个或两个以上的临近词或音节的起始音的重复叫作头韵。头韵的特点和效果可归纳为：生动简洁；节奏感和音乐感强；悦耳动听。例如采用押头韵的方法翻译李商隐《晚晴》中的诗句"越鸟巢干后，归飞体更轻"：

The southern birds find their nest again dry;

When they fly back, they feel their bodies light.

---

① 肖婷：《陌生化与中国古典诗词翻译》，《文学界》2011 年第 10 期。

（二）诗行内韵

行内韵和尾韵兼备，则使诗歌用韵的密度得到增加，节奏得到强化。如在杜甫《春望》的翻译中，译者使用了行内韵和尾韵，使诗歌朗朗上口，别有韵味；让人读后余音绕耳，回味无穷。

国破山河在，城春草木深。
感时花溅泪，恨别鸟惊心。
烽火连三月，家书抵万金。
白头搔更短，浑欲不胜簪。
On war – torn land streams flow and mountains stand;
In vernal town grass and weeds are overgrown.
Grieved over the years, flowers make me shed tears;
Hating to part, hearing birds breaks my heart.
The beacon fire has gone higher and higher;
Words from household are worth their weight in gold.
I cannot bear to scratch my frizzling hair;
It grows too thin to hold a light hairpin.

二　词汇层面

（一）词语反复

词语反复指的是两个或者两个以上相同的英文单词，出现在同一个或相邻的诗行里。在诗词中，为了某种需要，为了强调和突出某一个方面，往往重复使用一些字或者某些词组；这种手法，无论在中诗或英诗中，都是屡见不鲜的。看下面李白《秋浦歌》的翻译：

白发三千丈，缘愁似个长。
不知明镜里，何处得秋霜？
Long, long is my whitening hair,
Long, long is it laden with care.

再如《江雪》中诗句的翻译：

千山鸟飞绝，万径人踪灭。

From hill to hill no bird in flight，

From path to path，no man in sight.

再如白居易《琵琶行》中的翻译：

我闻琵琶已叹息，又闻此语重唧唧。

Listening to her sad music，I sighed with pain.

Hearing her story，I sighed again and again.

（二）新创词语

诗歌语言来源于日常语言，却又不同于日常语言。诗歌语言是对日常语言的偏离，具有鲜明的形式美学意义。许渊冲在诗歌中创造了新的词语，使诗歌语言自然、明确而充满美感，充满新意。如在李白《忆秦娥》中诗句的翻译，清新自然，简明扼要。

乐游原上清秋节，咸阳古道音尘绝。

On Merry – Making Plain，On Mountain – Climbing Day，

She receives no letter from ancient Northwest way.

三 句子结构层面

（一）平行结构的使用

汉语中的对偶，在不同的领域有着不同的诠释。在词语中，它是一种修辞方法，两个字数相等、结构相似的语句表现相关或相反的意思。英语中平行结构是一种富有表现力的修辞方法，结构相同、意义并重、语气一致的词组或句子排列成串，其目的在于增强语势，提高表达效果。用英语中的平行结构来翻译汉语中的对偶，可以有效地加强语气，增加诗的美感。例如：

大弦嘈嘈如急雨，小弦切切如私语。

—— 《琵琶行》白居易

The thick strings loudly thrummed like the pattering rain；

The fine strings softly tinkled in the murmuring strain.

挽弓当挽强，用箭当用长。

——《前出塞》杜甫

The bow you carry should be strong;
The arrows you use should be long.

（二）语序倒置

汉语句子的语法关系多半靠词序来表示，而在诗歌的表达中，为了取得非同寻常的表达效果，或者是为了押韵，往往采用各种倒装句式。中英文诗歌在这一点上是共通的。例如下面诗句中的翻译：

当君怀归日，是妾断肠时。

——《春望》李白

When you think of your home on your part,
Already broken is my heart.

田园寥落干戈后，骨肉流离道路中。

——《望月有感》白居易

Battles have left the fields and gardens desolate;
By roadside wonder families wars separate. ①

第三节　诗词翻译中修辞手法的处理

一　比喻

比喻也就是把要加以描写刻画的事物，用比喻词与另一种具有鲜明的统一特点的事物联系起来，从而使诗歌语言生动、形象鲜明。比喻是诗词中塑造形象的最常见的修辞手法，在文学艺术，特别是诗歌艺术中比喻起着十分重要的作用。比喻是世界各国语言中共有的表达手段，是中外文学

---

① 冯琰：《小议许渊冲唐诗翻译技巧》，《南昌教育学院学报》2011 年第 1 期。

中营造形象的主要方法。因此对于古诗词中比喻的翻译，应该以直译为主，要尽量忠于原文，使形象生动的比喻原汁原味地再现于译文读者面前。

如张九龄的《赋得自君之出矣》中有两句：

思君如满月，夜夜减清辉。

译文如下：

For thinking of you,

I am like the moon at the full,

That nightly wanes and loses its bright splendor.

这首诗写的是一位日渐消瘦的思妇形象，诗人用形象的比喻来描绘思妇内心深处的活动。她日日夜夜思念，容颜都憔悴了。宛如那团团圆月，在逐渐减弱其清辉，逐渐变成了缺月。"夜夜减清辉"，比喻含蓄美妙，想象新颖独特，饶富新意，给人以鲜明的美的感受。

在中国古代诗词中，月亮常常被作为诗人思亲怀乡、寄托感情的物像。此处，诗人用月亮的形象来烘托思妇对月怀人的愁思，虽然英语文化中月亮并没有这层含义，但是月亮是思妇形象的喻体，因此在翻译时不能轻易改变。译文将"思君如满月"译为"I am like the moon at the full"（我就像圆月一样），虽略作改动，但是没有因文化的隔阂而改变原来的喻体；"that nightly wanes"（夜夜亏缺）和原文一样，明说月亮日渐亏蚀，实指思妇的脸庞日渐消瘦。

译文对诗中的比喻采取直译的方法，忠实地再现了原诗中的人物形象美，使译文读者体味到了异国诗歌形象的风姿，进而获得美的享受。

二 拟人

诗人在咏物或描绘山水风景时，有时为了将自己的情感融入描绘对象当中，往往会把非人的事物当成人来写。把本来只修饰人的动词、形容词、名词等用于写物，使读者感到这样的物具有人的属性，从而使形象具有人的灵气，变得更为活灵活现，达到情景交融、物我合一的境界。对于这些拟人的修辞手法，在翻译中应该尽量给予保留，这样往往能使译文读

者真正体味到异国诗歌的风姿，获得异国风味的审美感受。例如宋祁的
《木兰花》的翻译：

> 东城渐觉风光好，縠皱波纹迎客棹。
> 绿杨烟外晓寒轻，红杏枝头春意闹。
> 浮生长恨欢娱少，肯爱千金轻一笑。
> 为君持酒劝斜阳，且向花间留晚照。

许渊冲译文如下：

> The scenery is getting fine east of the town;
> The rippling water greets boats rowing up and down.
> Beyond green willows morning chill is growing mild;
> On pink apricot branches spring is running wild.
> In our floating life scarce are pleasures we seek after.
> How can we value gold above a hearty laughter?
> I raise wine cup to ask the slanting sun to stay,
> And I leave among the flowers its departing ray.

此词通篇运用拟人的手法，将景物赋予生命，写得形象生动，上篇描绘春天的绚丽景色极有韵致，开头一个"迎"字将微波荡漾的湖面、来往如织的客船形象地展现在我们面前，我们仿佛看到湖中泛起纱绉般的水波，将游春的船儿迎来送往，分外热情。而后面的"红杏枝头春意闹"更是使得全诗的景物描写达到高潮，生机勃勃的一幅春景形象跃然纸上。

其中"闹"字就是采用了拟人的手法，使得本就红艳诱人的红杏变得具有活力，浮现在我们眼前的是这样一幅图画：一枝枝怒放的红杏上头，蜂飞蝶舞、春鸟和鸣，好不热闹，将繁丽的春色点染得十分生动，形象鲜明，意境突出。译文将这两处拟人手法直接译出，既保持意义传达的忠实性，又不失语言表达上的形象性。

译者将"迎"译为"greets"极为生动传神，能立即引起读者的丰富联想，将读者带入原诗的美妙意境之中；而"春意闹"被意译为"Spring is running wild"春天就像散发着活力的孩童一般，充满勃勃生机。两处拟

人的都得以保留，完美地再现原诗中的生动活泼的形象。

三　夸张

夸张是古代山水诗词中常见的修辞手法，将山水风景的某些特征进行故意夸大，充分表达了诗人的激情，让人产生丰富的想象。李白的"白发三千丈，缘愁似个长"；"飞流直下三千尺，疑是银河落九天"。皆是因为夸张手法的运用，给读者留下了极为深刻的印象，因而成为流传至今的千古名句。

翻译夸张的修辞手法时，译者应该仔细观察和揣摩诗人是如何使用夸张的，并尽量将修辞的效果在译文中再现，给译文读者同样的美感体验。例如对李白的《早发白帝城》的翻译：

> 朝辞白帝彩云间，
> 千里江陵一日还。
> 两岸猿声啼不住，
> 轻舟已过万重山。

许渊冲译文如下：

> Leaving at dawn the White Emperor crowned with cloud,
> I've sailed a thousand li through Canyons in a day.
> With the monkey's adieus the river banks are loud,
> My skiff has left ten thousand mountains far away.

李白晚年，被朝廷流放夜郎，西行到川东白城，赶上全国大赦，重获自由。这首七言绝句，是他乘船东下返回江陵时的作品。

首句写诗人的回想，点出开船的时间是早晨，地点是白帝城。"彩云间"是写白帝城的高。彩云缭绕与诗人遇赦的喜悦之情十分和谐。"千里江陵一日还"写诗人的意愿，形容船行之速，千里江陵只要一天即可到达。诗人用夸张的手法写了长江一泻千里之势，同时也抒发了诗人"归心似箭"的心情。

第三、四句同样运用夸张的手法，形象地描绘轻舟快驶的情形。两岸猿猴的叫声还没停止，可那轻快的小船已经驶过了千山万岭，诗人急欲东归的心情，洋溢于诗的明快的节奏之中。诗人在整首诗中极尽夸张之能事，表现行船之快，借不间断的猿声衬托轻舟的快捷。借万山重叠衬托长江的一泻千里。呈现出一幅两岸悬崖峭壁，猿猴啼叫，一叶扁舟在湍急的江水中飞流直下的壮丽画面，形象鲜活、精妙无比、令人百读不厌。

两处夸张的成功运用使诗歌具有了形象的美感，由于英语中也有大量夸张修辞手法，译文读者不会因这些夸张而有理解的障碍。原文中的夸张"千里"、"万重山"分别被直译为"a thousand li"和"ten thousand mountains"，原诗中的修辞手法得以保留，艺术形象得到完美的再现，并能在读者心中唤起丰富的联想。①

第四节　诗词翻译中拟声词的处理

关于汉语拟声词，现在至少有两种看法：一种是拟声词在汉语语言系统中独立存在，将其归入形容词、副词或叹词等已有的其他此类都是不恰当的；另一种是拟声词在汉语中具有形容词特征，可以作独立成分，亦可作状语、定语和补语，只有很少一部分可兼作动词，在句中作谓语。在英语中，拟声词不单独成为一类，只作为一种修辞现象时才被提及，英语拟声词通常由动词和名词担任，并可派生成形容词、副词等，既可单独使用，亦可嵌入句中作一切成分。由此可见，与英语拟声词相比，汉语拟声词地位特殊、数量少、句法功能欠灵活。

鉴于英汉拟声词的特点、差异以及古诗词语言形式的特殊性，我们认为古诗词英译时，拟声词的处理不可采取一个模式，而是要通盘考虑、灵活处理。

一　把拟声词翻译出来

即用英语中相应的拟声词将古诗词的拟声词所蕴含的声响直接展现出来。这特别适用于对汉语中那些典型的拟声词的处理。从原则上说，凡是着力渲染音响效果，以达到增强文字的感染力，美化古诗词意境的拟声词都应该直译出来，这样可以最大化地展现原作的美。

---

① 叶红卫：《古诗词翻译中常见修辞手法的处理》，《江西科技师范学院学报》2007年第3期。

由于英汉拟声词的差异，在英译的过程中有时会出现英语拟声词缺省的现象，但对于人们常见的、典型的自然声音的模拟，无论在汉语中还是英语中都不乏拟声词，较易确定对应关系。例如，在汉语古诗词中有大量有关马的拟声词，诸如嘶、啾啾、萧萧等，但最常见的拟声词"嘶"，恰好与英语中的 neigh 相对应，我们应照直译出。另外，拟声词"萧萧"形容群马奔腾时的声音，亦常见于古诗词曲中，译者可根据具体情况选用 rumble、grumble 或 neigh 等。

例如杜甫《兵车行》中"车辚辚，马萧萧"一句，拟声词"辚辚"和"萧萧"的使用，让人感觉到如风至潮来，这气势雄浑而悲壮的声响令读者不仅仿佛亲眼目睹了逼民从军、哭喊送别的凄惨景象，而且还会联想到人仰马翻、残酷厮杀的战争场面。因此，无论从修辞的角度还是谋篇布局的角度来看，我们都应在译文中再现这震人心弦的兵车战马声。为了充分体现原文声势的浩大繁杂，可分别用拟声词 rumble 和 grumble 来做如下翻译：Chariots rumble and horses grumble。

二 增加拟声词的翻译

汉语拟声词常用叠字形式，且数量有限，句法功能欠灵活，在古诗词曲中使用并不那么自由。有时出于对音韵的考虑或由于某些拟声词的缺省，作者不得不忍痛割爱，放弃使用拟声词，或用描述性的语言将声音蕴含其中。

在古诗词英译实践中，有时根据意境的需要，我们可以酌情添加拟声词，这样的译文才更加地道、传神。增译拟声词主要适用于汉语古诗词中某些暗含拟声的动词或名词。一些汉语动词虽然本身不是拟声词，但其所表示的动作必然带来某种声响；某些名词虽然一般不具有拟声作用，但在古诗词曲的特定意境中，作者强调了这些名词指称的事物所发出的声响。为了增强译文的感染力和更加准确地传达原作的意境，我们在英译时可以选择恰当的英语拟声词来表达这些动词和名词意义的同时，展现它们的声响效果。

如《诗经》中的"硕鼠硕鼠，无食我黍"，本来没有拟声词，但老鼠啃咬谷物时一般都会发出"咯嘣咯嘣"的声响。而且，本诗旨在控诉剥夺者的贪婪和残酷。根据这个意境，将"食"译成拟声词 gobble（咯嘣咯嘣很快地咬吃）就会凸显翻译的效果：Big rat, big rat, do not gobble our millet！

　　译文中拟声词 gobble 将剥夺者贪婪地攫取劳动人民劳动果实的罪恶嘴脸绘声绘色地表现了出来，令人听在耳里，怒在心头。若将其换成非拟声词 eat，虽字面上达意，但表达效果不佳，意境不美。

　　受古诗词特殊形式的限制或汉语某些拟声词缺省的影响，诗词作者在叙述非人物类声响时，常不使用拟声词而采用"发声体 + 发声动词（如鸣、啼、响等）"形式或只点明发声主体（即"发声体 + 声"的形式）。这种对声响的非拟声性描述符合汉语习惯，使用起来较自由，既能满足古诗词曲在形式上的特殊要求，又能唤起人们对所描述的声音的联想，产生较强的声音形象。与汉语相比，英语拟声词丰富得多且句法功能灵活，常用专门的拟声词来表达动物鸣叫和草虫之声。因此，为了使译文更加流畅地道和增强译文的体验性及表现力，我们在英译时可以将这些描述性的语言用拟声词来表达。

　　例如张继的《枫桥夜泊》中"月落乌啼霜满天，江枫渔火对愁眠"一句中，"乌啼"在诗句的景象组合中处于承接前后的关键位置和作用：树上的栖乌因月落前后光线明暗变化而啼叫，幽暗静谧的秋夜乌啼声更能勾起孤子不眠的旅人的乡愁，使他感到寒气从四周袭来而产生"霜满天"的错觉。为了实现三种景物的艺术组合，诗人采用了一般动词"啼"来表现这一声响，符合汉语习惯。但英语习惯用专门拟声词 caw 来表达乌鸦的鸣叫，我们英译时应遵循这一点。译文如下：

　　　　Moon setting，crows cawing，frost filling the sky，
　　　　Through river maples，fishermen，confront my uneasy eyes.

三　省略拟声词的翻译

　　这种方法指的是古诗词中出现了拟声词，但在译文中换一种表达方式，不使用拟声词。主要有两种情况：一种是拟声词状物兼拟声，另一种是拟声词起强势语作用。

　　有些拟声词兼具有拟声和状物两种功能，而且在古诗词曲的特定意境中，有时状物功能更加明显；有些拟声词虽然拟声功能很强，但有时由于意境的需要，其声音形象不是对真实声响的模拟产生的，而是由视觉、动觉等其他感觉与听觉的类比联想的结果，拟声词的这种用法是借听觉感受来更加具体形象地描摹事物的状态以及环境气氛，因此，其要旨是状物而

不是拟声。对于这两种情况，英译时往往无法同时兼顾拟声词的拟声和状物两种功能，我们只有舍弃声音，一心一意地描绘出事物的情态和作者所融入的情感。

如诗句"无边落木萧萧下，不尽长江滚滚来"中，"萧萧"既摹风雨之声，又状凄凉之貌。诗人登高远眺，一阵秋风吹过，他既能见落叶飘零之貌，亦可闻叶落凄凉之声。但联系下句，其状物功能应更强些，因为目之所及，落叶纷纷，才和长江滚滚而来的宏大气势相称，才能烘托出诗人韶光易逝、壮志难酬的感怆。我们在英译时，无法兼顾拟声词"萧萧"的拟声和状物两种功能，我们应抓住主要方面——集中精力将落叶纷纷飘零的宏大气势展现出来。译文如下：

> The boundless forest sheds its leaves shower by shower;
> The endless River rolls its waves hour after hour.

我们在英译时当然没有必要强加声音形象，只需酌情添加一些说明语，以增强译文的气势即可。如白居易的《琵琶行》诗句："岂无山歌与村笛，呕哑嘲哳难为听"，说的是诗人谪居偏僻的九江郡，虽然亦有"山歌与村笛"，但由于没有"同是天涯沦落人"之间的心灵相通，他完全无心欣赏，他从山歌与村笛之声中听到的是两种刺耳的声音"呕哑"和"嘲哳"。他将它们发出的声音叠加在一起，更是为了说明山歌与村笛声之难听。因此，译者只需译出这些乐声让诗人听起来如何难受即可，不必复制其声响效果。译文如下：

> Of course I've mountain songs and village pipes to hear,
> But they are crude and strident and grate on the ear. ①

第五节　诗词翻译中数字的处理

在中国古典诗词中，经过精心选择提炼的数词，在诗人的驱遣之下可

———————

① 卢军羽、刘金龙：《论汉语古诗词中拟声词的翻译》，《山东教育学院学报》2008 年第 5 期。

以产生丰富隽永的诗情画意,形成了中国古典诗词中的数字文化。数词若用的巧妙,能恰如其分地抒发情感,优化诗的意境,增添诗的美感与形象性。同时又能留下含蕴无尽的空间,惹人遐思。诗圣杜甫就常常用数字来写景,例如:

两个黄鹂鸣翠柳,

一行白鹭上青天。

窗含西岭千秋雪,

门泊东吴万里船。

这是一首脍炙人口的七言绝句。其中"两个"、"一行"、"千秋"、"万里"等数字的运用简直令人叫绝。诗人通过数字的变换,将诗的意境空间由近至远,由小到大地扩展开来。

中国古代诗人常常把数字、数据罗列在一起,集中表现事理和人物,充分发挥数词在表达上不可替代的作用,从而塑造出诗中鲜明生动的人物个性或提示诗人内心的感情世界,增强、加深读者对诗词的印象。如李商隐《无题》中所写:

八岁偷照镜,长眉已能画。

十岁去踏青,芙蓉作裙衩。

十二学弹筝,银甲不曾卸。

十四藏六亲,玄知犹未嫁。

十五泣春风,背面秋千下。

年龄数字的增长呈现出她高洁、爱美,懂事的心灵曲线轨迹以及对虚幻渺茫前途的伤心忧虑。这里,数字的整体集中运用,巧妙地刻画出诗中少女细腻、微妙的复杂心态。①

数字往往对优化中国古典诗词的意境起着重要作用。要想充分传达原诗词的意境美,最大限度地保留原诗词中的数字形象极其重要。我们还是

---

① 叶巧莉:《中国古典诗词中数字文化及其翻译的策略取向》,《华中师范大学研究生学报》2004年第1期。

以翻译李白的《早发白帝城》为例：

> 朝辞白帝彩云间，
> 千里江陵一日还。
> 两岸猿声啼不住，
> 轻舟已过万重山。
>
> Leaving at dawn the White Emperor crowned with cloud,
> I've sailed a thousand li through Three Gorges in a day.
> With the monkey's adieus the riverbanks are loud,
> My skiff has left ten thousand mountains faraway.
>
> ——许渊冲译

这首诗中，两个夸张数字"千"、"万"的使用造就了全诗的气势。原诗中的"千"、"万"属于常规数字，在英语诗歌中采用常规数字"百"、"千"、"万"进行夸张的现象也颇为常见。因此，译者在此直译原诗中的夸张数字，加上对译诗音韵节奏的恰当处理，便使英语读者像中国读者一样能欣赏到这首诗的浑厚气势，深远意境，得到美的感受和启迪。

再如苏轼《念奴娇·赤壁怀古》中"乱石穿空，惊涛裂岸，卷起千堆雪"这一句。诗人浓墨重笔地描写赤壁景物，把读者带进一个奔马轰雷、惊心动魄的奇险境界。其中"千堆雪"更是一个难得的妙喻，此处"千"与"堆"搭配，更多了一份磅礴的气势。对这句诗的翻译，我国的翻译大师们真是各显神通：

> Roll up a thousand heaps of snow （许渊冲）
> Rolling up thousands of flakes of snow （喻明传）
> Rolling into a thousand drifts of snow （初大告）
> Foam appears as a thousand heaps of snow （徐忠杰）

这些译文虽对"卷起"和"堆"的处理各异，却不约而同地保留了原句中的数字"千"。试想译文中若少了这一数字，那份宏大气势该会逊色多少，那幅雄伟画卷又将会减色几分？难怪译者们会"英雄所见略同"了。

除了采用"百"、"千"、"万"这样中英共有的常规数字来夸张外，中国古典诗词还以"三"、"九"为核心，连同其倍数组成一个庞大的非常规满数网络进行夸张之用。但英文诗歌中却很少采用"三"、"九"及其倍数作为夸张之用。

中国人推崇"九"数，把天分为九层，极言其高，故有"九天"、"九重天"之说。但在英语文化中，"七"数方为神数，在基督教中有"七重天"（The Seven Heavens）之说，即天分七重，其中七重天为天国的最高层，是上帝和最崇高的天使居住的地方。译者若将"九天"译为"nine heavens"，可能使英语读者感到费解，天怎么会有九重呢？在这种情况下加注也是颇费脑筋与笔墨之事，且效果难以预测。如果译者舍弃原文数字形象，译为西方读者可以理解和接受的"highest Heaven"，效果就好多了。①

李国南教授曾经对英国湖畔派诗人拜伦、雪莱和济慈撰写的两部英诗总集和三部英诗别集做过总篇幅达 2434 页的统计，发现在所出现的 252 例数字夸张中，高度集中在 thousand（s）或 ten thousand 等常规数字上，总计达 70% 以上。而真正用到"三"或其倍数者只有三例，所占比例还不到 1.2%，毫无典型意义。②

第六节　诗词翻译中的补偿技巧

中国古典诗词具有超脱语法规则和词形约束的极大自由。这种特点使中国古典诗词能够直接呈现事物和景象，不必加或少加解释和限定。而英语严谨的语法规则使其具有缜密细致、分析演绎的特点。因此在翻译中国古典诗词时往往要受到英语语法的种种限定，如名词和代词的数和格，动词的时态和语态等。一旦受到这些结构上的限定，原诗中的诗意就可能损失大半。在这种情况下，采用一些翻译上的补偿技巧就显得很有必要了。采用补偿法目的是为了力争保全原诗意境、形象及其基本风格。该方法是

①　叶巧莉：《中国古典诗词中数字文化及其翻译的策略取向》，《华中师范大学研究生学报》2004 年第 1 期。

②　李国南：《汉语数量夸张的英译》，《外语与翻译》2003 年第 2 期 。

解决翻译文学作品特别是诗歌、诗词中的难点不可缺少的方法。具体来讲，该方法分为形式补偿和意义补偿两个方面。

一　形式补偿

在形式补偿方面，我们先来看看李白著名的《静夜思》：

> 床前明月光，
> 疑是地上霜。
> 举头望明月，
> 低头思故乡。

> Moonlight before my bed，
> Could it be frost instead?
> Head up，I watch the moon，
> Head down，I think of home.

这首诗的翻译从结构上看简洁明了，风格上似乎很接近原诗，但是这里的 head up，head down 有点像体操口令，不如分别改成 with my head up 和 my head down 似乎更好。这样的修改既作了形式上的补充，又克服了上述缺点。

再如李清照的词《声声慢》第一句中的"寻寻觅觅，冷冷清清，凄凄惨惨戚戚。"有人译成：

> Search. Search.
> Seek. Seek.
> Cold. Cold.
> Clear. Clear.
> Sorrow. Sorrow.
> Pain. Pain.

许渊冲认为该翻译只是做到了形式上的对等，动词的堆砌就像一些命令祈使动作，没有传达出原文的美感。[①] 他在形式补偿的基础上尽量保留了原文的节奏和押韵：

---

① 许渊冲：《中诗英韵探胜》北京大学出版社 1997 年版，第 41 页。

I look for what I miss,

I know not what it is,

I feel so sad and drear,

So lonely, without cheer.

　　在形式补偿方面，不少汉诗英译作品过多地强调表现汉诗的语言特点和外在形式。有些人试图再现原诗的对偶、叠句、双关、格律，常常试着译层韵、偶韵、谐韵、头韵的形式押韵。"遗憾的是这种过分追求外在形式的对应让英美读者听起来简直是陈词滥调。"① 但在保留反映原作品的思想感情的情况下，可以适当作一些形式上的补充。

二　意义补偿

　　意义补偿可以弥补因采用直译法或者转移法等翻译方法的过程中所缺失的部分信息。以白居易的《红鹦鹉》一诗翻译为例：

　　　安南远进红鹦鹉，

　　　色似桃花语似人。

　　　文章辩慧皆如此，

　　　笼槛何年出得身？

著名英国汉学家 Arthur David Wiley 将此诗译为：

The Red Cockatoo

Sent as a present from Annan

A red cockatoo

Colored like the peace – tree blossom,

Speaking with the speech of men

And they did to it what is always done

To the learned and eloquent.

They took a cage with stout bars

---

① 陈登：《诗歌翻译的局限性》，《外语与外语教学》1999 年第 2 期。

And shut it up inside. ①

Arthur David Wiley 的翻译不太讲究形似和音似，所以将原诗的四行改为八行，也不押韵。即使如此，译文仍未完全传达原诗的形象和意蕴。此外，他将最后一个疑问句处理成陈述句未免过于平淡。相比之下，楚至大的译文更好一些：

The Red Parrot
The red parrot a royal gift from
Distant Annan
Peach blossom in color, can utter
Speech as a man.
The stifled learned and eloquent men of the age
Are all so barred, and when could
They get out of the cage?②

楚至大在翻译第三句时，在 learned and eloquent 之前加上了 stifled（压制、埋没）一词，其后又添加了 of the age 短语作为限定，充分补足了当时的时代背景的文化信息，使读者能更好地抓住原文的精髓。此外，of the age 这一短语的添加又与下文的 out of the age 形成押韵，取得了一举两得的效果。③

在把汉语古诗词翻译成英语时，一般要酌情增加表明会话角色关系、会话相邻对的词语如 ask、inquire、say 等，甚至补充沉默的话轮。译者往往采用直接引语，译文中的话轮结构比汉语原文中更加清晰，会话关系也呈显性。《十五从军征》中有以下四句：

道逢乡里人，家中有阿谁？
遥看是君家，松柏冢累累。

---

① 吕叔湘：《英译唐人绝句百首》，湖南人民出版社 1980 年版，第 72 页。
② 楚至大：《英译唐宋诗断想》，上海外语教育出版社 2000 年版，第 387 页。
③ 付华军：《汉诗词英译中的补偿翻译技巧》，《荆门职业技术学院学报》2007 年第 5 期。

Arthur David Wiley 的译文为：

On the way I met a man from the village，
I asked him who there was at home.
"That over there is your house，
All covered over with trees and bushes."①

译者增添了 I asked him 三个单词，明白表明"我"在问话。而后面两句翻译加上了引号，表面是"同乡"在回答。

在翻译贾岛的《寻隐者不遇》时，也进行了适当补偿，使得译文更有可读性。

松下问童子，
言师采药去。
只在此山中，
云深不知处。

I inquire of a young boy
standing under a pine tree.
"My master is away
collecting herbs，" he said，
"Somewhere in the mountains，
deep in the white clouds—
exactly where，um，
I cannot tell."②

通过 I inquire 和后面两句引号的增加，以形式上的补偿来完成了对全诗意境的理解。

---

① 吕叔湘编：《中诗英译比录》，中华书局 2002 年版，第 66 页。
② Qiu Xiaolong, 100 *Poems from Tang and Song Dynasties*, New York：BetterLink Press, 2006.

第七节　词牌名的翻译

词牌译名的不统一问题始终是词翻译时的通病，词牌名翻译的统一化与标准化会有利于中国古诗词的对外交流和传播。现有对词牌名的处理大致有三种方式：译意法、零译法和音译法。

一　译意法

辜正坤先生和许渊冲先生在翻译词牌名时就采用译意法，对一些词牌名采用化隐为显、化曲为直、化深为浅的意译，对另一些词牌名采取逐字逐词地直译。

辜正坤译法：

《水调歌头》to the tune of Prelude to Water Melody

《念奴娇》to the tune of Charm of Maiden Niannu

《沁园春》to the tune of Spring Beaming in Garden

《贺新郎》to the tune of Congratulating Bridegroom

《采桑子》to the tune of Mulberry – Picking Song

《忆秦娥》to the tune of Recall a Qin Beauty

《菩萨蛮》to the tune of Buddhist Dancers

《蝶恋花》to the tune of Butterflies Love Flowers

《清平乐》to the tune of Music of peace

许渊冲译法：

《水调歌头》Tune：Prelude to the Melody of Water

《念奴娇》Tune：Charm of a Maiden Singer

《沁园春》Tune：Spring in a Pleasure Garden

《贺新郎》Tune：Congratulations to the Bridegroom

《采桑子》Tune：Picking Mulberries

《忆秦娥》Tune：Dream of a Maid of Honor

《菩萨蛮》Tune：Buddhist Dancers

《蝶恋花》Tune：Butterflies Lingering over Flowers

《清平乐》Tune：Pure Serene Music

译意法方便了读者对词牌名的理解，但对有历史典故的词牌名，在翻译准确性方面还有待提高。译意法最大的缺憾就是个别词牌名的英译与词的感情基调不一致，会引起国外读者一些不必要的困惑。

二 零译法

所谓零译法就是对原文中事物或概念不做翻译。美国学者兼诗人巴恩斯通（Willis Barn Stone）、美籍华人聂华苓和我国学者赵甄陶都在翻译时将词牌名省去。虽然词牌名与词中所述的内容并无太多直接联系，一般的西方读者往往难以领会，但是词牌名是经过历史文化的长期积淀，含有许多独具民族特色的文化意象。这些文化意象深化了词的内涵，增添了词的韵味，拓展了词的联想空间。任何事物在一定程度上都是可译的，虽然伴随着许多困难，但随着文化的交流，相信西方人也会逐渐了解、理解词牌名的文化内涵。零译法会造成词的整体形式上的缺损，词牌名所蕴含的文化意象和内涵的缺失，所以笔者认为零译法不是最好的选择。

三 音译法

音译法即直接用汉语拼音来转写汉语词牌名的读音。相比较之下，音译法在一定程度上回避了上面两种翻译方法所带来的问题，这种翻译对国外读者来讲更有异国情调一些，是几种翻译方法中相对较好的一种。唯一的缺点可能就是对刚刚接触到中国古诗词的西方读者来讲，他们可能不理解音译的词牌名到底是什么。针对这个问题，可以对音译的词牌名予以加注释，以此来解决这个问题，可以在注释里对词牌在词这种文体中的作用和所蕴含的历史典故、感情基调、来历和字面意思进行解释。相信随着时间的推移，读者对词牌名的了解加深，加上英语的开放性、包容性，这些音译的词牌名完全可以融入英语的词汇之中，到时这些注释也就可以省去。[①]

---

① 顾森、李崇月：《浅谈词牌名的翻译》，《青岛农业大学学报》（社会科学版）2008 年第4 期。

第八节　名家的翻译心得

南开大学外国语学院王宏印教授在他的"遇之匪深，即之愈希——我的诗词翻译道路和几点思考"一文中，对自己从事翻译工作多年积累起来的经验进行了分析总结。共有 10 条，金玉良言，字字珠玑。在此摘录，与各位翻译同仁共勉。

一　汉译英、英译汉，必有分别

这里的分别，首先是由出发语到目标语的分别。汉译英，应是从国学到西学，从汉语到英语，从汉诗到英诗，而英译汉，则是由西学到汉学，由英语到汉语，由英诗到汉诗。不仅翻译的出发点不同，则最终归宿也不相同，其间的翻译方法和原则也不相同，不可同日而语。我觉得只从事一个方向的翻译，就会遮蔽另一种方向的翻译，从实践到认识，都是如此。只有知己知彼，才能理解全面，掌握全面，不陷入误区，也不至于偏废。

二　古体诗、现代诗，必有分别

古体诗和现代诗的原理不同，概念不同，语言不同。这不仅仅是格律与自由的区别，而且是语言范型的区别，诗人与世界关系的区别，总之是诗歌概念本身的区别。不懂得这些区别，就无法从事诗歌翻译。有的人以为只要懂古典诗就行，看不上现代诗，其实，不懂得现代诗，对古典诗就缺乏现代眼光和新鲜体验，因此也不可能是真正的懂；反之亦然。不能全面地懂得古典诗和现代诗，就不能对诗有整体的印象和概念，因此就不可能说懂得诗，至少是完整的诗。

三　古典中诗和词，必有分别

诗和词的区分不仅仅是形式上的，而是内容上的和精神上的。虽然这里的区分，不是普遍存在于一切诗歌中间，例如，外国诗，就无诗词的区分，但在中国古典诗歌内部，这一区分却是明显的，有的时候甚至十分重要。在一定程度上，唐诗和宋诗的区别，不如唐诗和宋词的区别大，而同一位诗人的诗与词的区别，也许和另一位诗人的诗与词的区别一样大，甚至善于诗者未必善于词，都说明了这个道理。但主要指的是形式感的理解，而在翻译处理上，严格说来也应有区别。有的翻译家不重视其中的区别，有的是认识问题，有的是技术问题，也无可厚非。

四　向现代诗、现代汉语的方向落实

在总体上，所有这些，包括古今中外的诗歌传统，都应向现代方向落实，无论是通过翻译的途径，还是讲诗歌本身的发展概念，都是如此。在此基础上，诗与词的区别，仅仅在这一点上，在现代诗不再有诗词区分的意义上，诗词的区分不再是第一位的，而是有条件的，可融合的。即向着现代诗的方向落实和转化，成为现代诗，而且是汉语的现代诗，包括形式和技巧，观念和诗境，都应当如此。这就是翻译上古为今用和洋为中用的结合，向着创造和创作的方向发展和落实，也向着批评和诗学建设的方向提升。

五　个人的诗歌风格，尽量体现

在总体上，在原则上，诗歌是个人的事业，有个人的生活经历和独特的语言风格在里面，所以翻译的时候必须注意。但对于译者来说，对于某一个诗人的作品，只可在某一时段中产生感觉，集中翻译。如果有过于多的交叉活动，即同时翻译不同诗人的作品，就有可能冲淡这种独特的感觉，结果是只译出意思，那就少了一点诗的个人的独特性。但是难点也恰好在这里。一个人的诗，怎么可能用另外一个人的语言，而且是另一种语言表达得恰如其分？所有诗的翻译，可以说以此为最难。简而言之，这里的风格不是百分之百的全译，而是抓取特点，加以表现，使人能感觉出来，分辨出来，就可以了。

六　每一首诗都必须有灵感，才能翻译

无感觉，不动笔。这是指翻译而言。当然，和写作是一样的，没有灵感岂能动手？在写作中，往往是名句先出，或意象闪现，或莫名而难以自抑之冲动，而在翻译中，也有类似的现象，或创作心理。也许在翻译中，这种冲动不会如此强烈，而表现欲却不会减弱，急于寻找一种语言替代原文的想法和动机会难以自抑，也是常理，只不过解决的途径和方法有所不同而已。而且往往在时间上，需要一个潜伏期，才能有顿悟和创造。

七　理论性的说法和感性的晕染，二者可以分开处理，但又需在体制上融为一体

原则上，有理有趣的诗，例如《诗品》，虽主要为感性和感觉，但也有理性的成分，甚至会有一些理性的哲理的句子，插入在意境和感觉中。在传统的或古典的诗词中，这些句子往往是主题句，多数成为名句，而在现代诗中，它也许恰好成为拒斥或反思的开始和起点，所以不必尽处理成

名句和格言。但是这种理性与感性交错的诗篇，毕竟有自己的黏合方法和篇章机制，需要一些特殊的章法来加以体现。在有些时候，这样的处理，是产生名句的基础。但名句并非总是等于哲理，许多意象朦胧、寓意无尽的诗句，恰是另一极端，同样是美不胜收。

八　诗歌的翻译要以叙事为主，抒情为辅

要注意以叙事为基础，做好抒情的铺垫，或者以叙事为框架，做好抒情的支撑，还有以叙事为手段，起到为抒情推波助澜的作用。在叙事层面上，时空的处理，人物的关系，情节的展开，以及诗人命运等的渲染，都是至关重要的。不懂得这一点，就会把诗译得不合常理，甚至出现过于怪诞和颓废的倾向。这不仅在古典诗歌的翻译中要不得，而且对于现代诗，也不可取，特别是英美诗歌的翻译，叙事是十分重要的。有的诗歌，是抒情在横空出世，如荒荒油云、寥寥长空，但所隐含的叙事，以压缩或变形的形式仍然残留，如风雨过而草木仍旧，不可完全忽视。这里的原则，不是专指叙事诗，而是对于抒情诗也适用。

九　标题、词牌的翻译，要起到醒目的作用

标题和词牌的翻译，历来为大部分译者所忽视，多数只是拘泥，并无想法。尤其是古典诗歌的外译，多数是在人情或者人伦的关系中，如送别诗、官职地名、罗列而近似小说，了无生趣。还有词牌，几成累赘，尾大不掉，不如不要过于看重，反而能够得到解脱，产生意外的效果。当然，一种极端的处理方式，就是另起炉灶，但也有折中方案、兼顾得体的。总之，标题仅在提醒和辨别，不必过于拘泥原作，而求得相对的统一感。英诗的汉译亦然，虽然没有汉译英那样复杂。

十　翻译的程序和过程要长短结合

说到翻译的程序和过程，往往是酝酿的时间很长，主要是通过平日积累和阅读，形成兴趣、热点和基础、条件，而翻译操作的时间比较短，有时甚至迅速得出奇，而效果反而不错。至于在初译完了以后，要放很长的时间，等一切都冷却了，甚至完全遗忘了、陌生了，再拿出来重新阅读，进行修改。这样，效果就比较好。

第三章　公示语的翻译

第一节　公示语的概念、功能及使用范围

公示语（Public Signs），英语语言中一般称之为"标示语"（Signs），大不列颠百科全书把它定义为"有形指示牌"，旨在告诉大家"相关信息或是按要求来做"。朗曼现代英语词典则把它定义为"出现在公众场合的印有文字或图片的纸牌或金属牌，目的是为了公布信息或是提出警告"。可见，公示语可以理解为公共场所特定标示牌上展现的文字，它承载着许多功能，例如特殊的交际功能、提供信息和警告等。而且因为它的物质载体空间有限，所以公示语的表达都言简意赅，因此公示语的翻译可以被视为一种特定领域的翻译。

公示语在实际应用中具有指示性、提示性、限制性、强制性四种突出的应用功能。

一　指示性公示语

指示性公示语体现的是周到的信息服务，没有任何限制、强制意义。因此语言应用也不一定要求公众去采取何种行动，其功能在于指示服务内容。如：问询服务 Information、宾馆预订服务 Hotel Reservation Service、售票处 Ticket Office 等。

二　提示性公示语

提示性公示语没有任何特指意义，仅起提示作用，但用途广泛。如客满 Full Booked、油漆未干 Wet Paint、售完 Sold Out、易爆物品 Explosive 等。

三　限制性公示语

限制性公示语对相关公众的行为提出限制、约束要求，语言应用直截

了当，但不应使人感到强硬、粗暴、无理。如右侧行驶 Keep Right、凭票入场 Ticket Only、慢速驶出 Slow Out、残疾人通道 Handicapped Only 等。

四　强制性公示语

强制性公示语要求相关公众必须采取或不得采取任何行动，语言应用直白、强硬、没有商量余地。如严禁吸烟 No Smoking、禁止驶入 No Entry、请勿接近 Keep Out 等。[①]

第二节　公示语的语言风格

英语公示语广泛使用名词、动词、动名词、词组、短语、缩略语、文字与标志组合、现在时态、祈使句和规范性、标准性语汇，语汇简洁、措辞精确，部分公示语具有鲜明的本土特征。

一　名词的大量使用

表示"静态"意义、服务、指示、说明性质的公示语大量应用名词，直接、准确无误显示特定信息。如会议中心 Conference Center、餐饮部 Food & Beverage、商务中心 Business Center、经理 Director、正在施工 Roadwork、收费站 Tollgate、海关 The Customs、宠物食品 Pet Foods、美发厅 Beauty Parlor、宾客存储箱 Guest Lockers 等。

二　动词、动名词的使用

限制性、强制性、表示"动态"意义的公示语大量使用动词、动名词，将公众的注意力集中在公示语发出者要求采取的行动上。如保持安静 Deep Silence，减速行驶 Slow，严禁停车 No Parking，一站、二看、三通过 Look Around and Cross，而向前方站立 Stand Facing the Direction of Travel，严禁狗便 No Dong Pooping 等。

三　词组、短语的使用

动词短语、名词短语大量应用于公示语。这些词组、短语的结构简单，组合多样，如现在营业 Open Now、售完 Sold Out、入住登记 Check In、表演中心 Performance Center、行李房 Bell Service、安全出口 Safety Exit、汽车影院 Drive – in Cinema、野生动物保护区 Game Reserve、计时收费

---

①　田文菡、张枫：《城市公示语翻译现状剖析及规范化研究》，《前沿》2010 年第 14 期。

停车场 Meter Parking 等。

四　缩略语的应用

公众和旅游者最常接触和使用的公共设施和服务的公示语会使用缩略语显示。如国内直播 IDD、国际直播 DDD、厕所 WC、旅游咨询 TC、停车场 P、基督教青年会 YMCA、餐饮服务 F&B、青年旅舍 YHA、广场 sq、中心 cntr、花园 grins、贵宾候机室 VIP Suite，1 小时洗印 1 hr photo、接受信用卡 Most ATM Cards Accepted、可以掉头 U Turn OIL 等。

五　严格禁用生僻词汇

英语公示用语的词汇选择认真考虑到广大公众和旅游者的文化水平，严格避免使用生僻词语、古语、但语、术语。如请勿乱扔废弃物 No Littering、有人 Occupied（厕所）、绕行 Detour、小心易碎 Fragile、专用车位 Private Parking、延误 Delayed（航班）、行李提取处 Baggage Claim Area、失物招领 Lost & Found、沙滩关闭 Beach Closed、儿童过街道 Children's Crossing、出租乘车站点 Taxi Pick – up Point 等。

六　文字与图形标志共用

公示语在多数公共场所常常与醒目的图形标志共同使用，图形标志作为文字内容的补充、确认、说明，效果相得益彰。

七　现在时态的应用

公示语给予所处特定区域范围的公众以现实行为的指示、提示、限制、强制，为此其时态应用仅限于现在时。如保持干燥 Deep Dry、公交优先 Give Way to Buses、严禁疲劳驾驶 Don't Drive When Tired、警告：此处发现鲨鱼请勿接近 Warning：Shark Sighted Keep out、系好安全带 Fasten Your Seat Belt、小心障碍 Beware Obstruction、自动门随时开启 Automatic Door Deep Moving 等。

八　祈使句的使用

由于外出或旅游的公众多是行色匆匆，公示语针对的目标公众又是明确的，所以公示语便大量应用祈使句。如请勿打扰 Do Not Disturb、勿踏草坪 Deep Off the Grass、小心轻放 Handle With Care、注意行人 Beware Pedestrians、当心不要遗忘携带物品 Take Care，Not to Leave Things Behind、注意乘梯安全 Please Watch the Steps、注意清理狗便 Pick Up after Your Dog 等。

九　规范性和标准性语汇

由于公示语在公众和旅游者生活中的重要意义，任何歧义、误解都会导致不良后果。与日常生活相关的英语公示语都是多年实际使用形成的规范和标准表达，或是约定俗成的语汇。如双向行驶 Two Way、小心玻璃 Glass、旅游者服务中心 Visitor Center、外币兑换 Foreign Exchange、免税店 Duty Free Shop、国家公园 National Park、斜坡限速 Ramp Speed、试衣间 Fitting Room、存包处 Baggage Depository 等。

十　简洁语汇、精确措辞

英语公示语语汇简洁，措辞精确，只要不影响公示语准确体现特定的功能、意义，仅使用实词、关键词、核心词汇，而冠词、代词、助动词等就都可以省略。如送客止步 Passengers Only、危险 Danger、更衣室 Locker Room、洗车场 Washing Bay、免票入场 Admission Free、酒水另付 Beverage Not Included 等。

十一　具有本土意义的公示语

为数不多的英语公示语在英、美、澳等英语作为母语的国家却具有明显的本土意义，如药房 Chemist's Shop（英）、药房 Pharmacy（美）；垃圾箱 Garbage Can（美）、垃圾箱 Rubbish Bin（英、澳）；管理学院 School of Management（美）、管理学院 Faculty of Management（英、澳）；邮资已付 Post – paid（美）、邮资已付 Post – Free（英、澳）、电梯 Lift（英）、Elevator（美）等。像玫瑰体育场 Rose Bowl（美式橄榄球）等更是地域特点鲜明。当然，此类词汇使用也具有鲜明的地域局限。[①]

第三节　公示语翻译的原则

公示语翻译的主要目的是为了达到特定的交际效果，衡量其翻译的标准应立足于跨文化角度的交际功能。翻译应保留原公示语中的基本信息，准确地实现原语的交际功能；也要使译文符合目的语的表达习惯和文化。

一　简洁易懂原则

公示语汉英翻译简洁原则是指译文精练，简洁明了，仅使用核心词汇

---

① 吕和发：《公示语的功能特点与汉英翻译研究》，《术语标准化与信息技术》2005 年第 2 期。

而省略冠词等功能附加成分。例如将贵宾室翻译成：Reserved Waited Room，而不将其翻译成一个完成的句子。简洁原则主要包括译文词汇及句型简单。译语读者能在极短的时间内理解文字的提示信息，开展行动。

二　语用原则

语用原则是从语用意义产生的。语用意义指语言符号与使用者之间的关系，也叫交际意义，包括表征意义、表达意义、社交意义、祈使意义和联想意义，语用意义在很大程度上受制于语言的社会文化环境。词语的语用意义反映了该民族特有的思维方式和社会文化，正因如此，同一词语在不同的语言中所具有的语用意义有很大的差别。比如"月亮"与"moon"有相同的指称意义（指同一客观事物），但前者在汉语言文化中被赋予了许多美好的含义，诸如团圆、爱情、故乡等；而在英语中moon让人们想到的是反复无常的性格、阴森的气氛等。公示语翻译时，译者要力求准确传译公示语的语用意义即呼唤功能，不能将公示语的呼唤功能传译出来，该翻译就是失败的。为此，译者必须在分析汉语公示语的指称意义的基础上，探究其语用意义。文化的渊源不同，词语承载的文化含义也必然有所不同，在特定的语境中，词语表层的指称意义与深层的言内意义、语用意义"表里不一"。切忌望文生义，要使译文具有可读性，必须考虑到二者的意义，尤其是语用意义，这样才能成功地达到交际的目的。

三　文化原则

从某种意义上来说，翻译即翻译文化。语言国情学认为，语言是文化的载体。一种文化的词汇往往有其独特的文化内涵，所以，在翻译时不应仅停留在语义的层面上，更要透彻理解文字里所蕴含的文化信息，尊重译语读者的文化习惯和传统风俗，只有这样才能很好地进行从原语到译入语的转换，否则就会出现问题。最典型的莫过于对"龙"的理解。在中国文化中"龙"有着独特的地位，"龙"一词包含着"至高无上"、"唯我独尊"的含义，常常引申为"中华民族"，如"龙的传人"；而在英语中，"dragon"一词非但没有以上"龙"在汉语里所具有的意义，甚至还包含有"邪恶"的意义，常形容凶悍强暴的人，尤指悍妇或母夜叉。因此，不分场合地将"龙"译为"dragon"是不可取的。又例如，在西方国家里，老年人不喜欢 old people 或 the elderly 的称呼，较为偏爱 senior citizen 或 golden ager（黄金年代的人）等委婉的称呼，而中国人却把"老"作为一种敬称，素来有"尊老爱幼"的传统美德。①

第四节 公示语的翻译方法

翻译是一个不断创新和精益求精的过程。译者不仅需要从理论上探讨相关的翻译策略，更主要的是将理论联系实际，在实践中加以克服与解决。

一 增译法

中国正处于日新月异的变革之中，新的事物层出不穷，新的提法、新的词语不断涌现。中国人喜欢归纳，善于总结，常使用缩略语或速记式语言，把内容丰富的几句话概括为几个字。为了准确地传达原文意思，让世界更多地了解中国，许多新出现的中国特色词，尤其是与数字连用的词组需要采用增译法介绍给外国读者，使译文既忠实准确，又通顺易懂，从而达到交流与宣传的目的，并尽可能地淡化 Chinglish 的味道。比如，汉语公示语中有不少具有中国特色的词汇，对译者来说是一大难题。不当的翻译会给不了解中国国情的英语者造成很大的理解困难。影响了几代人的标语口号"五讲、四美、三热爱"一度被直译为"five stresses, four beauties and three loves"就是一个这样的典型。"五讲、四美、三热爱"后改译为"five stresses, four points of beauty and three aspects of love"并附加注释：stress on decorum, manners, hygiene, disciplineandmorals; beauty of the mind, language, behavior and the environment; love of the motherland, socialism and the Communist Party。改译正是遵循了"易懂"原则，增补了相关信息，才使原文的信息通畅起来。

二 省略译法

汉语用词多华丽，讲究行文声律对仗，工整匀称与音韵和美，英语用词则求简洁自然，重写实，描写突出直观可感，重理性句子结构严整、表达思想缜密，行文讲究逻辑性。对英语读者而言，由于感情基础的差异、阅读习惯的不同，华丽辞藻一般只能减少传播的清晰度和效果，甚至被视为空话冗词和夸大宣传，产生干扰作用。他们更习惯于低调陈述，而不是

---

① 朱晓华：《公示语汉英翻译原则浅析》，《英语广场》（学术研究）2012 年第 2 期。

用词强烈。因此，为了保持译文的直观简洁，汉英翻译时必须根据英语的表达习惯，适当去掉不必要的华丽辞藻，以达到整体概括，简洁明白。如美食天堂，异彩平添。原译文：Delicious heaven, Extraordinary splendor in riotous profusion。冗长不堪，内容空洞，违反译文读者对餐饮广告的期待。从译文的预期功能出发，可省略没有实质意义的"异彩平添"，直入主题译为：Food Paradise。

三　改译法

许多中国特有的术语、表达方式以及汉语独特的语言结构，如果照字面译成英语，必然使不熟悉中国文化背景的外国读者难以理解，造成交际障碍。因此，为了更好地实现预期的译文功能，可酌情对那些一时无法翻译或者勉强译出却让人不知所云的段落进行重新组织，甚至可根据译入语处理同类语篇的习惯加以改写。

例如在城市的不少宾馆里都可见到这样的公示语：创建绿色饭店，倡导绿色消费。如果把它逐字翻译成：Establishing green hotel, initiating green consumption，译文会显得毫无生气，无法传达出原语的感染力和号召力，也就无法更好地实现交际目的。有人提议把它译成：For a green hotel and green consumption，在这里，介词 for 表示目的，恰好可以体现出原文的目的性和感染功能，而且行文简洁流畅，符合公示语简洁明了的原则，以最简洁的形式获得最佳的反馈效果。

如果不顾文化差异，不考虑译语读者的语言和文化习惯，将一则流行的交通提示语"司机一滴酒，亲人两行泪"直译为"A drop of wine for the driver, twolines of tears for the family!"这是无法传达出原文的真实信息和感染功能的。这则公示语的意图是提醒司机们注意安全，不要酒后驾车。为了更好地实现交际目的，丁衡祁先生打破原有的语言形式，进行了重新创作，提出了"Drink and drive costs your life"的译文，达到了一种言简意赅的效果，从而将原文的感召力成功地传递了出来。[1]

四　回向译法

信息时代与高新技术的发展带来了不少外来语，译成汉语后，转而又在汉译英中出现。针对一些原本就来自英语的词语，如果不懂得运用回译法，不仅造成 Chinglish 现象的产生，有时还会闹笑话。如"维纳斯鲜花

---

[1]　丁衡祁：《努力完善城市公示语，逐步确定参照性译文》，《中国翻译》2006 年第 6 期。

店"被按照汉语拼音误译成"Weinasi Florist",而正确的译文是"Venus Florist"。

回译有两种情况:将借自译语的带有明显文化特征的表达法回译成它们在译语中的原来形式;将带有明显文化特征的表达法回译成它们在译语中的习惯说法。译者在汉英翻译时应注意对号入座,进行准确的回译,以保留相关的名称与事物的文化特色,避免盲目直译造成的中式英语及读者的理解混乱。如公共汽车上的"老弱病残孕专座"是 courtesy seats;商场、银行、酒店中为防偷盗、抢劫等而设置的保安监视录像是 security camera;街头上出售书报、香烟、冰淇淋等的售货亭、小摊棚是 kiosk。若对这些例子进行直译,其结果只会是蹩脚难懂的中式英语。①

在使用上述翻译方法时,还要充分注意以下几个方面:

1. 借鉴国际通用表达方式

在公示语发展的历史进程中,国际上已经形成了一系列习惯性的表达方式。我们倡导在汉英公示语翻译中尽可能地使用这些国际惯例的表达方式。这样不仅可以消除阅读者的陌生感,增进公示语的信息传递功能、极大地保证公示语翻译的可读性,同时,也是与国际接轨在语言文字上的最佳体现。

2. 充分考虑汉英文化差异与兼容

汉英公示语翻译是跨文化的言语交际活动。毋庸置疑,文化因素在公示语翻译中起到了举足轻重的作用。胡文仲先生说过:"语言是文化的一种表现形式,不了解英美文化要学好英语是不可能的。反过来,越深刻细致地了解所学语言国家的历史、文化、传统、风俗习惯、生活方式以致生活的细节,就越能正确理解和准确使用这一语言。"② 汉英公示语翻译的目的就是要在汉英语言文化之间架起相互沟通与转换的桥梁。汉英公示语是以汉语的内容为信息,以英语的使用者为信息传递的对象。在翻译实例中经常会涉及很多具有中国特色的公示语,更应该结合中国文化特点,充分考虑中西文化的差异与兼容。

3. 以阅读者及阅读者心理为中心

公示语翻译是以英语语言使用者为主要的阅读对象,因此必须把英语

① 俞碧芳:《公示语汉英翻译中的 Chinglish 现象及对策》,《安徽工业大学学报》(社会科学版) 2011 年第 2 期。

② 胡文仲:《外语教学与文化》,上海外语教育出版社 1977 年版,第 44 页。

为母语的受众放在首位,遵循英语表达习惯,同时也要体现公示语的语言规范和风格,以实现预期的信息导向作用。如汉语公示语中经常会采用诸如"禁止"、"不准"等命令式的词汇,而英语公示语则比较习惯用间接含蓄的表达,体现强调民主的文化心理。在把"禁止吸烟"翻译成"No Smoking"。[1]

第五节　公示语翻译中容易出现的错误及修正

一　违背语用目的

公示语的翻译要求简洁,不仅没有交际背景,而且罕有上下文作参考,因而要考虑读者的欣赏习惯和文化背景,做到使人容易接受。由于不同语言词汇的联想意义及其体现的价值取向的差异会使交流受阻,就会经常出现由于提示信息不当和文化差异所引起的语用失误。

例如在某飞机场有一则禁烟告示为:"为了您和大家的健康,请到吸烟区吸烟。"翻译成英文则为:For your and others health, the passengers who smoke, please go to the smoking area。告示的目的是想告诉吸烟者不在公共场合抽烟,而到特定的地方去抽,以免损害他人的健康。可是这则译文却会被理解为到吸烟区去吸烟对健康有益。这就违背了该告示的初衷。

二　违背礼貌原则

礼貌原则是语用学中的一项重要原则,也是翻译的一项重要原则。在具体的翻译实践中,对礼貌原则的遵守就是要做到语言得体,把要表达的意思用恰当的方式表达出来让人容易接受,避免伤害读者或听众。在汉语公示语中,直接明晰的禁止类表达一般情况下都是可以接受的。例如"禁止抽烟"、"禁止随地吐痰"等,在人们看来并不十分刺耳。但是,一旦将它们译为英语,我们则需要考虑是否具有对等的接受程度。请看下面例子:

①"爱护花木,切勿攀摘"

误译:Take care of flowers and trees. Do not pick and harm them.

正译:Stay away from flowers and trees.

---

① 朱莉:《汉英公示语翻译探析》,《宁波教育学院学报》2011年第6期。

②历史遗迹，严禁刻画

误译：No carving on the cultural heritage.

正译：Please treasure our own cultural heritages.

这两个例子都采用了命令的语气，显得十分生硬，令外国游客难以接受。过于直露的、强加性的禁止用语是不受欢迎的。正因为如此，我们经常看到被动句和无人称主语句式在英语告示语中大量应用。例如，Don't tread on grass（不要践踏草地），Please give me a chance to grow（不要践踏草地）。这些例子都告诉我们，在应用文的翻译中，尤其是在公共场所的提示性语言的翻译中，要注意相同话语形式在不同文化中却可能具有不同的礼貌级别，尽量做到译文在礼貌问题上的对等。

三 误传交际信息

公示语翻译的另外一种常见的问题是使用不正确的表达方式，导致所要传达的信息不能取得预期的效果。请看下面例子：

①在某一著名旅游胜地的大门入口处，门票出售窗口上方标有"收费处"几个字，这样的文字说明在中文里面当然没有问题，但是此处收费处给出的英文是"toll gate"。"toll gate"指的是道路、桥梁和港口等地的收费处，尤其是指高速公路的收费站，而旅游景点的"收费处"应该用"booking office"或"ticket office"。

②将"人才市场"的"人才"翻译成"labor"，而"labor"在英文中是"蓝领、劳工"的含义。

③"车厢指南"译成 Information of the Compartment。铁路用语中 Information 常被用来指信息、问讯，而此处的意思变成了车厢的信息介绍，乘客可能期待在这一条目下找到关于这节车厢的规格和设计参数等。Information 应该改成 Instructions 或 Guide。

④"电源插座"译成 Socket for electric Razor，将电源插座变成了电动剃须刀的专用插座，而事实上常用的旅行小电器都可在此充电、使用。应改译：Electricity Socket 或者 Power。

四 错误使用语言

语言错误使用一种语言，应该遵循该语言的语法规则，讲究遣词造句，在词的拼写、意义、用法和语法等方面给予应有的重视。而在公示语的翻译中存在不同程度的问题，包括：词的用法不当、词的使用不规范、英汉内容表达不一致、句子结构有错误和时态问题等。请看下面例子：

①华商携手新世纪，和平发展共繁荣

误译：Let Chinese Entrepreneurs United for a New Century; Make Peace, Development and Prosperity is Our Common Theme.

正译：Worldwide Chinese Businessmen join Hands in the New Century for Peace, Development and Prosperity.

这个句子的错误就属于英汉内容表达不一致，英汉内容的差异会使交流产生距离，严重者会导致误解。"华商"中的"商"显然是指商人，而非"企业家"，译者在翻译这句中文时没有对译文进行慎重考虑和推敲。汉语表述执行的是单一的呼吁或号召功能，而英语译文却在呼吁之余增加了陈述的行为，使得呼吁的力度大为减弱。这从译文分成两个部分可以看出。①

②小心火烛

误译：Mind causing fire。

正译：Beware of Fire Hazard。

这是杭州著名古街清河坊街有一条公示语。这个公示语的译者大概是照搬了类似的公示语的译法：Mind your head; Mind the step; Mind the gap。这三公条示语中"小心"后面都是客观存在的东西，提醒公众注意以免造成身体上的伤害。Mind 的意思正是 take something into account，所以以上三个译文不仅正确，与英语国家的对应公示语也完全一致。而"小心火烛"这条公示语虽然在中文的结构上完全与其他三条一样，其内含意义却有很大差别，它的意思不是说此处有"火烛"，叫公众小心以免烫伤，而是提醒公众要注意防火，不要引起火灾。②

第六节　公示语翻译中存在的错误观念

《术语标准化与信息技术》2009 年第 2 期刊登了黄德先和杜小军联名撰写的文章"公示语翻译的十种错误观念"，对当前公示语翻译中值得注意的一些问题进行了分析和警示。本书在进行了摘录整理之后，转用其中

---

① 刘蓉：《公示语汉译英误译的分析》，《外语论坛》2011 年第 29 期。

② 顾秀丽：《汉语公示语英译问题及应对策略》，《外国语文》2010 年第 4 期。

八条，与诸位共勉。

一　没有明确的翻译服务对象

《国家通用语言文字法》明确规定，广播、电影、电视用语用字；公共场所的设施用字；招牌、广告用字；在境内销售的商品的包装、说明等应当以国家通用语言文字为基本的用语用字。公示语翻译是因有明确的服务对象需求，才主动提供这种服务，而不是臆想的、抽象的服务对象。公示语译者首先要有明确的公示语翻译的对象意识，即翻译目的论所强调的"目标文本接受者"。在一些领域，可能完全涉及不到英语的需求人群，那就没有必要冒充什么国际化，大跃进式地与国际接轨，而是先看清楚是否需要接轨，再确认轨道在哪里才起作用。设立双语标示牌，是因为有明确的需求，是为了给国际人士提供便利，绝不是像乞讨的人也在纸上写上"money"那样来赶时髦。

二　没有区分对内的公示语和对外的公示语

不同语言文化的人群对警示信息的反应存在差异。汉语中表示警告的公示语，大多语气较重，如含有"禁止"、"不要"、"请勿"等字样，而有些在表达强烈禁止时含蓄委婉，语气不严，而进行友善提示时又略显生硬，拒人于千里之外。而英美等国家标准推荐使用"小心"、"警告"和"危险"作为警示用语，以表示不同的危险程度。不同国家的人对这类警告的反应的差异很明显。针对这些公示语的翻译，一定要有明确的翻译服务对象意识，在翻译时要注意到这种对内和对外提供的信息所产生的差异。

三　以为翻译提供的信息越多越好

用公示语来提供各种人性化的服务，得到越来越多人的认同。这些人性化的公示语也被一字不漏地用英语传递了出去，以为这样所提供的服务就周到、热情了。殊不知，公示语的运用不是以信息多少来判定是否满足人们的需求，而是看是否恰当，是否符合公示语的目的。此外，公示语不同于书籍，要简单平民化，所以不论是汉语还是英语，都应该简洁，防止所谓的温馨提示泛滥。

四　没有区分"翻译"和"信息提供"

把汉语的公示语转换为英语，其实不再是传统意义上的翻译行为，而是用英语提供公示语信息的行为。目的论者的"信息提供"，认为原文不再是传统意义上的原文，而只是译者可以使用的信息中的一种，因此也不要求对等或者忠实地在译文中把原文再现出来。译者作为这种信息的传递者，要根据接受者的需求来确定、选择传递哪些信息，把被选中的信息通过使用译者认为合适的对传达目的有利的语言转移到目的语中，从而实现公示语的指示性、提示性、限制性、强制性四种突出的应用功能。

五 以为汉英公示语是一一对应

一些人认为放置在同一块标牌上的公示语翻译，肯定是汉语和英语一一对应的，否则就担心会出错，导致别人的笑话。恰恰就是这种一一对应的观念导致了错误的翻译。汉语的公示语是为熟悉汉语的人士提供信息，有其独立存在的地位。同样，英语公示语也是一种独立存在，和汉语公示语不是语言上的对应关系，而是功能上的对应。英汉两种语言文字之间所存在差异，在实际翻译过程中很难做到词句上的完全对应，在翻译实践中，必须适当地增减词，才可能避免错误地对号入座。有时为了确保书写的美观，强行把汉英公示语一一对应。其实，同一个汉语公示语，可能有多种不同的翻译，也没有必要强行统一。

六 混淆了"功能对等"和"忠实"原则

公示语作为一种有特定服务对象和明确目的的表达，只有按照它要实现的交际功能来衡量才能评估它是否适当。一切妨碍公示语四个功能实现的翻译，都是翻译错误。所以公示语翻译一定不能拘泥于原文，不是为了忠实于原文，而是要顺从英语公示语接受者的文化习惯与接受能力，做到简洁、易懂。好的公示语翻译应该达到"等效翻译"，即译文功能和原文功能完全相同，在目的语中也应该是公示语。公示语翻译的目标语读者在阅读时，完全没有注意到，或者根本不在乎，他们正阅读的是翻译文本。公示语翻译是一种工具性翻译，是在目的语文化的交流中充当一种独立的信息传递工具，译文可以根据自身的目的对原文作调整。

七 翻译时错误的"拿来主义"

"拿来主义"一直被视为公示语翻译的首要原则，就是直接用外国的公示语来为汉语公示语寻找英语婆家，似乎外国人怎么用，我们就得照搬。语言问题还没有简单到如此地步。对于那些约定俗成的英语公示语，选取"原汁原味"的英语表达没有什么非议。但在"照搬"的同时，也应当注意使用习惯、风格的统一，注意各种英语的变体。英语作为一种国际通用语言，而不是一种国际统一语言，存在各种变体和中介语。对那些没有现成的公示语可供我们拿来，折中的办法就只有使用英语变体之一的中国英语了。

八 翻译时抹杀文化差异

公示语的翻译，是为了方便那些国际人士在中国能够得到足够的提示、警示等信息，并不是说他们就完全无法理解或接受目的地的文化。公示语作为一种深入日常生活中的文化信息，能够在不同民族、文化间交流，本身也是一种文化行为。文化交流是以同为基础，以吸收异为目的。那种过滤掉文化差异的、透明的公示语翻译，似乎没有起到文化传播与交流的目的。所以翻译那些反映中国特定文化内涵的公示语，没有必要强行使用透明化的翻译。

第四章　颜色词的翻译

由于人类文化共性的作用，以及文化相互渗透的影响，各个民族经常会赋予同一种颜色以相同的意义。然而，多数情况下，尽管汉英民族对自然色彩的认识是大体相似的，但由于民俗、地理、宗教信仰等文化背景的差异，在不同的民族文化中，同一种颜色表达不同的文化心理，引起不同的联想，具有不同的文化内涵。

第一节　颜色词简介

一　颜色词的分类

英、汉语言把颜色词大致分为三大类：basic color words（基本颜色词）、color words with colors of objects（实物颜色词）和 color words in shades（色差颜色词）。

基本颜色词指的是赤、橙、黄、绿、青、蓝、紫（red，orange，yellow，green，indigo，blue and violet）这七种颜色。

实物颜色词就是指用自然界物体的本色来表示颜色的词。例如，silver（银白）、orange – red（橘红）、lead – grey（铅灰）等。这类颜色词广泛用于日常生活和文学作品中。

色差颜色词是指来自太阳的自然光或白光照射在各种颜色上有深浅明暗之分，英语中用"shades"来表示这类颜色的细微色差。汉语中常用"鲜红"、"猩红"、"乌黑"、"漆黑"、"深蓝"、"蔚蓝"等来描绘各种颜色的色差程度。①

---

① 龚璇：《英汉颜色词的文化内涵比较与翻译》，《内江科技》2011 年第 4 期。

二 汉英两种语言中颜色词的文化内涵

(一) 红色与 red

红色在中国源于中华民族对太阳及火的图腾崇拜，是幸福、喜庆、吉祥、欢乐和热烈的象征：春节的红对联，婚庆的红喜字，国粹京剧中的红脸关公是忠贞、坚毅、坦诚的化身；"红"字当头的短语出现，更是红文化的升华，如红运、红利、红榜、红日高照、红人、红极一时、红得发紫、红色根据地、红旗、红军、红色武装等。红色在西方有暴躁、专横和傲慢的含义，在西方人眼中红色代表着血腥，意味着终止，令人生厌，如red revenge（血腥复仇）、a red flag（危险信号旗）、a red waste of his youth（他那因放荡而浪费的青春）、a red light district（花街柳巷）、red rag（激起愤怒或强烈感情之物）、see red（怒不可遏）、in the red（负债累累）等。

(二) 黄色与 yellow

在中国，"黄"这个表意文字来源于"田"、"光"。"田"即黄土地，中华民族自古与"黄"渊源颇深，身为炎黄子孙、耕种的黄土地、饮的黄河水、生的黄皮肤都离不开"黄"；现代汉语中，黄色又平添了许多贬义，专指与色情相关的下流内容，例如"黄色网站"、"黄毒"、"贩黄"等。西方人常常把黄颜色与枯萎和病态相联系；西方文化中的"yellow"象征正义、坚定、智慧与光荣；圣经中的犹大身穿黄色衣服，因而"黄色"在英语中又有背叛、嫉妒的含义；形容人的性格时，"黄色"相当于"cowardly"，表示胆小懦弱，如 He has a yellow steak in him（他天性懦弱），You are yellow.（你真是个懦夫），yellow dog（可鄙的家伙）等。

(三) 绿色与 green

在中国，绿色作为植物的生命色，使人联想到春天、青春、和平、希望、新鲜等。传统观念中，绿在汉语中具有双重性，其一是"绿林好汉"中的用法，象征野蛮、暴力，但有正义感；其二表示低人一等，如妻子有外遇的丈夫被称为"戴绿帽子"。绿色在英国表示忠诚、愉快、永存和正义，如 a green old age（老当益壮）、in the green tree of wood（处于佳境）；绿色也是表示某人缺乏经验，很幼稚：a green hand（新手）、greener（生手）、a green horn（涉世未深、容易上当受骗的人）、a green thought（不成熟的想法）；英语中的绿色还可引申为嫉妒、眼红，莎翁的《奥赛罗》中有 green – eyed monster（青眼怪物），喻指"妒忌"，这与汉语中的"眼红"或"害红眼病"不谋而合。

（四）蓝色与 blue

在中国古代很长一段时间内，蓝色在汉语里没有与之相对应的词，青、碧和苍都包含着蓝色，例如：青天、青冥、碧空、碧霄、苍天、苍昊、苍穹都用于指蓝天。在中国文化中，蓝色象征着宁静、深沉和开朗。在西方意识形态中，蓝色有"忧郁、悲凉和伤感"的意思。例如 blue devils 是沮丧、忧郁的代名词。美国黑人的 blues 蓝调曲调缓慢、忧伤，所以蓝色也就成了忧伤的象征，如 the blue love（忧郁的爱）、blue - blooded（出身高贵的）、a blue outlook（悲观的人生观）、cry the blues（情绪低落）、sing the blues（垂头丧气）等。蓝色还有下流、色情的引申义，如 blue film（色情电影）。

（五）白色与 white

汉语中，"白"自古被用来象征纯洁、高雅、明净等，如洁白如玉、清白无邪、白衣秀士等；古代还将白色禽兽归为祥瑞之物，如白鹿、白鹤、白雁等；白色代表凶丧，在中国古代的五方说中，西方为白虎，西方是刑天杀神，主肃杀之秋，白色是枯竭、无血色、无生命的表现，象征死亡、凶兆；汉语中的"红白事"中的白事就是丧事，"素服送终"就是白衣戴孝的意思。在西方，婚礼的婚纱是白色的，象征爱情的纯洁与珍贵。"white"一词的联想意义有些已经超出汉语"白色"的意义范围，如 a white day（吉日）、white night（不眠夜）、white - headed boy（宠儿）、a white war（不流血的战争）、white horse（大海的波涛）、white hands（清白无辜）等。

（六）黑色与 black

黑色在中国古代象征尊贵、刚毅、憨直、深沉、神秘等，京剧脸谱中的黑脸有包公、张飞、李逵等；黑色用来形容人奸诈、阴险，如黑心肠、幕后黑手等；引申义为非法、欺骗，如黑车（无驾驶牌照的车辆）、黑市（卖假货的市场）、黑名单（列入被抓捕的名单）等。在西方，黑色通常是严肃、谦虚和隆重的象征，西方的文化意识中，黑色经常是"不好的"、"坏的"和"邪恶的"，如 black economy（非法经济）、black market（黑市）、a black letter day（凶日、倒霉的日子）等；象征气愤和恼怒，如 black in the face（脸色铁青）、look black at sb（怒目而视）等；黑色是死色，为丧礼的专用色彩。英语中与黑色相关的习惯用语有 black and blue（遍体鳞伤）、black eye（肿眼眶）、black sheep（害群之马）、black dog（不开心）、swear black is white（强词夺理）、blackmail（敲诈）等。①

第二节　颜色词翻译的策略

一　根据文化内涵和引申义选择词义

在英语中，描写颜色的词语，如红、黄、蓝、黑、白等和汉语一样，都具有多种引申义，包蕴着丰富的文化内涵。因此，含有文化内涵的颜色词除了本身概念意义之外，应该还有文化方面的喻意。不同的民族，对颜色的认识，特别是各自对颜色赋予的喻意和联想意义是不尽相同的。所以，在翻译英语颜色词的时候，不能只从颜色词的字面意思去理解，应更注重其所包含的不同文化内涵意义和引申义，从而选择恰当的词义。

二　根据使用场合选择词义

所谓使用场合，主要是指上下文联系，有时也考虑学科领域和专业方向，因为颜色词不仅涉及语言，同时也涉及其他学科的研究，例如，艺术、美学、视觉心理学、教育心理学、非语言交际理论。因此，颜色词使用在不同的场合中可能就有不同的含义，词义的选择必然会发生变化。

三　根据使用的词性选择词义

一个单词往往有多种词性，词性不同，它在句中的作用就不同，颜色词也如此。我们根据这一点，在翻译英语颜色词的时候，根据它的词性不同，选出它合适的词义，从而进行正确的翻译。有一点要注意，汉语的颜色词多半是名词或形容词，而英语中的颜色词，除了名词和形容词外，还可以是动词或副词。

四　根据前面是否有冠词选择译法

颜色词有这样一条规律：前面无冠词，颜色词往往表示具体的颜色。前面有冠词，颜色词所表示的是一种抽象概念或这种颜色的引申说法。例如，He is in black，（他穿黑衣服）He is in the black。（他赢利）

---

① 郝艳萍、王晓燕：《中西基本颜色词的文化透视及其翻译》，《中国电力教育》2011 年第5 期。

五　根据惯用法选择词义

汉语从英语中借用了许多颜色词及短语，其中一些已被一般人所熟悉。人们在生活的长河中，往往养成一些习惯，就那么说，大家都听得懂，似乎没有什么道理，习以为常。这种情况，牵涉到颜色词的也不少。以 black 所构成的词和短语为例：black tea 红茶、black leg 走狗、black sheep 败家子、black guard 大恶棍，等等。①

第三节　黄色的翻译方法

"黄色"在英汉两种语言中，除了具有相同的基本概念意义外，还具有丰富的文化联想。在中国文化中黄色是封建帝王的专用色，让人联想到皇权，是崇尚色；而在英美文化的基督教中，黄色是背叛耶稣的犹大（Judas）衣服的色，故在英美国家被视为庸俗低劣的下等色。因此，只有掌握了两种语言中"黄色"的基本意义和文化联想，才能把它翻译好。

一　"黄"在中英文化中的相通之处

黄色在中英文化中均可表示疾病。汉语中人们常用"黄皮寡瘦"、"面黄肌瘦"、"黄脸婆"等词语形容人身体健康状态不好，很多疾病都与黄色有关，如"舌苔泛黄"、"黄疸"、"黄疸性肝炎"等；而 yellow 在英美文化里也可表示疾病，如 yellow fever（黄热病）、yellow blight（枯黄病）。

黄色在中英文化中可表示萧条、衰败、忧伤和死亡。唐朝李商隐《登乐游原》中"夕阳无限好，只是近黄昏"表达了西下的太阳无限美好，只是再美好，也已接近黄昏时刻，比喻一个美好的事物已到了衰亡的晚期。唐朝卢纶《伤秋》："岁去人白头，秋来树叶黄。搔头向黄叶，与尔共悲伤。"反映了诗人由树叶的枯黄想起生命飘零。而 19 世纪英国烂漫主义诗人雪莱（Percy Byssi Shelley）在《西风颂》（Ode to the West Wind）中把黄叶称为 dead leaves，形容它们是患病死去的叶子被风四处吹

---

① 李小飞：《英语颜色词的翻译方法探讨》，《湖南农业大学学报》（社会科学版）2008 年第 3 期。

散。在莎士比亚的"四大悲剧"之一《麦克白》中，主人翁麦克白（Macbeth）犯上作乱，杀死邓肯王，后来众叛亲离，最后他也抱怨自己已经活够了，他说"My way of life is fallen into the sea, the yellow leaf"。（我生命的黄叶已沉入大海，陷入凋零）

黄色在中英文化中还可表示警告。如体育比赛中，由裁判出示，用于向某运动员提出警告的黄牌（yellow card）。受隔离检疫的轮船或者医院检疫或防止感染所用的黄旗或标识（yellow flag）；交通中用于限制路边停车的黄线（yellow line）；（空袭）预备警报（yellow alert）。

二 "黄"在中英文化中的差别

（一）"黄色"在中国文化中的含义

"黄色"在中国的文化中是所有色彩中最能发光的色，给人轻快、透明、辉煌、充满希望的色彩印象，有着丰富的文化内涵。黄色象征皇权与崇尚。黄色让人想到温暖的太阳，高尚而崇敬。在中国的五行学说中，黄色是土的象征，是正色，代表权势、威严，象征中央政权、国土之义。故黄色便为历代封建帝王所专有，如"黄袍"是天子的"龙袍"，"黄钺"是天子的仪仗，"黄榜"是天子的诏书，"黄马褂"是清朝皇帝钦赐文武重臣的官服。黄色成为了古老中国的象征，代表着王权与崇尚。

然而，黄色在中国文化中既象征王权与高贵，又可表示病态与下流。如"黄色书刊"、"黄色小说"、"黄色电影"、"扫黄"。黄色还象征忠贞与正义，中国人用黄色来形容忠贞，如"黄花闺女"比喻未出嫁的女子，寓含贞洁之意。黄色还可表示年轻、幼稚、缺乏经验。中国人用"黄毛丫头"来形容不谙世事或发育未熟的少女，用"黄头小儿"形容天真烂漫的少年。

另外，黄色是黄金的颜色，使人联想到金钱。如"黄金地段"指城市中商业繁华、交通便利、好挣钱的地方。黄色又是秋天的颜色，可表收获。

（二）"黄色"在英语国家中的文化含义

在英语国家的文化联想中，黄色（yellow）除了表示疾病、警告、忧伤和死亡外，还具有独特的文化联想。首先，黄色使人联想到背叛耶稣的犹大（Judas）所穿衣服的颜色，所以黄色带有不好的象征意义，表示胆怯、卑鄙、靠不住、妒忌。如，yellow belly（可鄙的胆小鬼），yellow - livered（胆小的），have a yellow streak（懦怯、胆小、卑鄙的行为），

yellow dog（野狗，杂种狗，卑鄙的人），yellow looks（可怕的脸色，诧异的眼神）。

其次，黄色还表示恣意煽情，不择手段，采用耸人听闻手法低级渲染的报刊。据说美国纽约《世界报》用黄色油墨印刷低级趣味的漫画以争取销路，人们便称这一类刊物为"黄色刊物"；《纽约新闻》以夸大、渲染的手法报道色情、仇杀、犯罪等新闻，人们便称之为"黄色新闻"。又如：yellow press（黄色报刊）、yellow journalism（黄色办报作风、黄色新闻编辑方式）、yellow back（廉价轰动一时的小说）。而 yellow Page（黄页）起源于英国，指电话簿，载有商业机构的电话，分门别类。

另外，黄色在美国文化中还象征期待和思念。有一男子因倒闭破产而被判服刑三年，出狱时，妻子在家门前老橡树上系上了数以百计的黄丝带以表对他的思念和期待。后来在家门前的树上系上黄丝带，以期待和欢迎久别归来的亲人在美国成为一种风俗。

（三）"黄"的翻译

1. 直译法（Literal translation）

在中英文化中的联想一致时用直译法。直译是指在不违背译文语言规范以及不引起错误联想的条件下，在译文中保留原文的语言形式，包括用词、句子结构、比喻手段，并要求语言流畅易懂，保留原文的感情色彩、修辞风格和地方特色等的方法。如"黄马褂"译为 yellow jacket，"变黄的秋叶"译为 yellowing autumn leaves，"穿着黄衣服"译为 wearing yellow，"黄卡"译为 yellow card，"黄雀"译为 yellowbird。有时颜色词直译后意思还不是很清楚，如"黄屋"译为 the ancient emperor's carriage，"黄屋"是古代封建帝王御用之车，如果西方人不理解"黄屋"的中国文化内涵，直译为 yellow house（黄色的房子）那就错了，此时可采用意译。

2. 意译法（Liberal translation）

在中英文化中联想冲突时用意译。意译是指从意义出发，当原文的思想内容与译文的表达形式有矛盾，译文就要打破原文的句子结构，用译者自己的话准确地传达出原文的意思。如"黄泉"在中国文化中表示人死后所埋葬的地方，因此译为 yellow water 或 yellow spring 都是不对的，而是译为 the place where the dead were buried。"黄色书刊"在中国文化中表示内容不健康的书籍，译为 obscene books，而不是 yellow book。yellow book 在西方文化中是指以黄纸为封的政府报告书，称"黄皮书"，而不是"黄色书籍"。此外"炎黄子孙"译为 the descendants of the yellow Emperor；"黄粱美梦"译为 a fond dream "黄花闺女"译为 virgin，"黄毛丫头"译为 a silly little girl，"黄历/皇历"译为 almanac，"黄金时代"译为 the golden times。

3. 色彩词转换法（Color Words transformation）

汉语中的黄色与英语中其他颜色联想对应时转换色彩词进行翻译。黄色与 blue 都可联想到权利与下流，黄色与 green 都可联想缺乏经验。此时对黄色的翻译就要转换为其他颜色的英语词汇。如"黄色电影"译为 blue movie，"黄色笑话"译为 blue joke，"黄道吉日"译为 white days，"黄花"译为 gold flower。

4. 音译法（Transliteration）

黄字表示姓氏和地名时用音译。音译是指在不违背语言规范和不引起错误联想或误解的前提下，按照原文发音直接翻译字词的方法。如"黄先生"译为 Mr. Huang，"黄飞鸿"可译为 Mr. Huang Feihong，"黄河"译为 Huanghe River 或 the Yellow River，"黄海"译为 Huanghai Sea 或 the Yellow Sea。

在中英文化中，颜色词都呈现出独特的魅力，是承载文化。①

第四节　白色的翻译方法

一　汉语和英语中"白"的相通之处

（一）光明和纯洁

白色同时象征"光明"和"黑暗"的这种双重性同时存在于英汉两种语言中。这里的"光明"其实是一个综合词，融合了"精神"、"幸福和好运"、"完美"、"繁荣"等含义。汉语中，"光明"这种含义与哲学概念中的"阴"和"阳"有着密切的联系。阴阳说指出世界是由阴阳两极组成，而"黑"和"白"则分别代表了"阴""阳"两极。"阳"，顾名思义，是光明的象征。这便很有力地解释了为何古人认为白色的动物如白鹿、白鹤、白狼、白雉、白雁、白天鹅等能给人带来好运。此外，护士

---

① 王琼：《颜色词"黄色"的中英文化对比与翻译》，《内江科技》2011 年第 7 期。

被称为"白衣战士"或"白衣天使",是因为她们身穿白色制服,犹如圣洁的天使给病人带来生命和光明。

在英语文化中,white 是最神圣的颜色,是上帝、天使、幸福、欢乐和美德的象征。天使总是长着一对洁白的翅膀,头顶上悬着银白色的光环;西方童话故事中有一位博得世界各国儿童喜爱的主人公就叫"Snow White",她是聪明、善良、美丽的化身;律师们身穿白袍以表示正直光明。

西方的婚礼被称为"white wedding"。婚礼上新娘身穿白色婚纱,头戴白色头纱;婚车是白马车,车夫头戴白帽;婚礼蛋糕和曲奇表面都覆盖一层白糖……这些都象征了纯洁的爱情,并预示着光明的未来。汉语表达法如"洁白"、"白璧无瑕"等同样体现了纯洁这一含义。

(二) 合法和无辜

白色的合法无辜之义可以从许多表达中找到例证。如"white market"(白市,即合法市场)、"white list"(经过批准的合法名单);"white - handed"意为诚实清白;"mark one's name white again"则指证明无辜,恢复名声。汉语表达法"不白之冤"和"清白无辜"中的"白"也包含了这层含义。岳飞墓和秦桧像旁有一对联这样写道"青山有幸埋忠骨,白铁无辜铸奸臣"。此中的"白"与颜色并无关联,而是忠诚无辜之意。因此翻译成英文便是"Honored the green hill is to provide eternal resting place for the loyal soul; Innocent is the iron used to cast the image of the hated traitorous ministers"。

(三) 死亡和失败

白色在英汉文化里既有褒义的一面,也有贬义的一面。首先,白色在西方是死亡的代表色。从西方影片中我们可以看到白色是吸血鬼、裹尸布和所有幽灵的颜色;死亡的苍白与生命的红润形成了鲜明的对比。白色在汉语文化里与死亡的关联来自于"五行学说"。这种学说认为白色代表西方,而生命的降临和离去就如日升日落,因此,代表西方的白色就成了死亡的标志。

汉语有"红白喜事"一说,中国人把娶媳妇、贺生日称为"红喜";把上了年纪的老年人去世称为"白喜"。中国传统婚礼的颜色是红色;而在办丧事时则以白色为主。丧家人身穿白衣,头戴白帽,胸佩白花以表示悼念,这是中国几千年流传下来的民俗民风。白色的失败之意显而易见,如在战争中失败的一方总是打着白旗（white flag）表示投降。

（四）白色还代表和平

一场不流血的"和平"的战争被称之为"white war"。而白鸽，众所周知是和平的象征。此外，"white"和"白"都可指人的白皮肤或白种人，还可指因不适或某种情绪而导致的病态肤色。如"脸色苍白"翻译成英文便是"（his）face is as white as a sheet"。[①]

二 汉语和英语中"白"的差别

（一）"白色"在英语中的文化含义

"白色"在英语中对应的词汇是"white"，喻指纯洁（purity）或清白（innocence）。在西方文化里"white"有美好、希望、幸福、快乐的含义。

在圣经故事里，天使总是长着一对洁白的翅膀，头顶上悬浮着银白色的光环，"a white soul"（纯洁的心灵）就是出自其中。"white hope"指被寄予厚望的人。"a white day"指吉日。"days marked with a white stone"指幸福的日子（古罗马人如果这一天过得很走运的话就会用白石头或者粉笔在日历上做记号；反之，过得比较不走运的话就用黑石头或者木炭做记号）。

"white"因象征纯洁，又引申为公正、公平、诚实、正直的意思。"white hands"（公正廉洁的）；"white spirit"（正直的精神）；"white man"（忠实可靠的人）；"white list"（指守法人士、合法机构等的名单，与黑名单"black list"对应）；"Whitehouse"（白宫）是美国政府的行政机关，是国家权力的象征；"Whitehall"（白厅）是英国法庭的主要所在地，以其为政府办公机构所在地而著名。

英语中"white"除了表示上面的正面含义之外，还有一些贬义。"white feather"这种说法源于西方的斗鸡比赛。人们总是认为尾部有白羽毛的公鸡肯定是胆小、不善斗的公鸡，后来引申为胆小、怯弱。"white trash"是美式英语中的贬义词，指没有文化且穷困潦倒的白人，他们是白人中社会地位最低的一个阶层。

（二）"白色"在中国文化中的含义

"白色"在中国文化中是有着相差甚远甚至互为矛盾的文化含义。在中国古代文化中，"五行"说把白色与金色相对应，白色象征着光明，列

---

① 金瑜：《汉英颜色词"白"与"white"的文化内涵比较》，《考试周刊》2007 年第 17 期。

入正色，表示纯洁、光明、充盈的本质。中国成语有白璧无瑕、洁白如玉、清白无辜、阳春白雪。明朝于谦《石灰吟》中"要留清白在人间"的名句是作者在直抒情怀，立志要做纯洁清白人的写照。

古汉语中有"白丁"（古代没有功名的人）和"白衣"（古代老百姓的衣服不能施彩）的说法。同时，古代的文人也自称为"白衣仙子"、"白衣秀士"、"白鹤仙子"，这些说法表明白色有卑微的含义。《史记》中有"皆白衣白冠以送之"，《三国演义》中也多次写到送别亡人时身着白衣白冠相送。直到现代中国，百姓家有人去世其后人仍穿白衣为其送终。白色因此又有诀别的含义。

中国革命战争期间，"白区"（第二次国内革命战争时期对国民党统治区域的称呼）、"白匪"、"白军"、"白据点"、"白专"（专注于学术研究而不关心政治这一行为）、"白色恐怖"（中国国民党的蒋介石政权执政期间曾经实行的恐怖统治）、"白色政权"，白色在这一时期又被赋予反动、凶残的含义。白色在中国传统戏剧脸谱艺术中，一般性格粗暴、为人阴险奸诈的人所用的脸谱的颜色。如秦代的赵高、三国时代的曹操、明代的严嵩等人物。

由此可见，白色在汉语中的文化内涵贬义和褒义兼之，需要仔细研究。①

三　"白"的翻译

正如前面提到的，英语和汉语中关于"白"会有很多相同或近似的意象，说明两者在字面意义、形象意义相同或相近，隐含意义相同，所表达的实际意义相同。在这种情况下，可以采取直译的方式。如 white corpuscle 译为：白细胞；白蜡译为：white wax。而由于英语和汉语使用者的文化背景方面存在差异，他们对"白色"产生的联想自然不同。当原语在目的语中找不到对应词，直译又无法把原意传递出来时，意译是解决问题的有效方法。例如：Richard has white hands 不能直译为"理查德有一双白手。"而是根据这个句子的语境，意译成"理查德是清白的"，就简单明了了。

英语中有些带有"white"的词语通过直译可以传递给读者，但是直

---

① 谷秋菊、马焕喜：《英汉语言中有关"白色"词汇的文化内涵及翻译》，《语文学刊》2011 年第 11 期。

译后很容易引起歧义，造成理解障碍。比如 "white light district"，如果直译成 "白灯区"，很容易使中文读者产生错位联想，认为 "白灯区" 对应的是 "红灯区"（色情行业集中的地区。因色情场所的门外多有红灯标志，故称 "红灯区"）。只要我们稍加注释，说明这是 "不夜城"，是经营正当行业的地区，就很容易理解了。因此，为了把原文准确、完整地展现给读者，可以通过在直译加补充解释信息的方法，即直译＋注释的方法。这样既能传达原文的意思和神韵，又能扩展读者的知识面。

第五节　绿色的翻译方法

一　"绿色" 在汉英两种语言中的意义相通

（一）"绿色"（green）在汉英两种语言中都具有象征着青春与活力的意义

绿色是植物的生命色，是草本及一切植物最茂盛的颜色。因此，天然地，绿色与生命、生长有着直接的联系。春回大地，绿色植物的出现预示着冬天的消逝，春天的到来，象征着蓬勃的生机与活力。汉语中 "青" 指深绿色。人们对于朝气蓬勃的年轻时代的称谓为 "青春"。人们也以 "青春" 比喻美好的时光和珍贵的年华。例如：苏轼《曾元恕游龙山吕穆仲不至》诗中有："青春不觉老朱颜，强半销磨簿领间。" 在现代汉语中对年轻人的称谓是 "青年"，昭示着年轻人生机勃勃，活力洋溢。在英语中，"绿色"（green）的象征意义跟青绿的草木颜色有很大的联系，它代表着青春、活力。在这一点上该词与汉语 "绿色" 的象征意义相同。

例如：

①With his white head and his loneliness he remained young and green at heart. 虽然他满头白发，孤单寂寞，但是他的心仍然一片童真，显得年轻。

②The quality supervision of literature construction is entering a new developing phase, for the development of Chinese library enterprise is in the green wood. 中国图书馆事业正处在加速发展的重要时期，文献建设质量监督工作也进入了一个新的发展阶段。

（二）"绿色"（green）在汉英两种语言中都具有象征健康、自然、清新的含义

由于人类对环境和生态的日益重视，20世纪，绿色成为一个十分活跃的颜色词，同时也有了一些新的含义。现在人们越来越意识到了环境与人类的生存健康密不可分。因此，越来越多的人环保意识加强了。随着人们生活质量的提高，人们崇尚健康的生活，广泛用"绿色"指"没有污染的"。因此，出现了一些词语，如"绿色能源"、"绿色冰箱"、"绿色食品"。人们的生活离不开绿色，绿色在今天被赋予了健康、清新、自然的新含义。人类环保意识觉醒和增强也反映在大量有关环境保护和生态健康的英语新词语中。因此，"green"这个颜色词也产生了新的象征意义。

例如，green food（绿色食物）、green products（绿色产品）。"green"意味着天然、无污染。"green"一词也出现在与环境事业有关的词语中。例如，the Green Party（英国绿党，以保护郊野、大气等免遭污染和危害为宗旨的政党），Green Peace（绿色和平组织，一个具有影响的自然资源保护者的国际组织）。

（三）绿色给人以宁静的感觉，象征安全与和平

国际上用绿灯表示安全通行的信号，因此，汉语词语中便有"开绿灯"这个词语，表示上级领导给下级某些许可或方便条件或放宽限制条件等含义。而英语当中也有这样的短语，"give sb/get the green light"意思是"准许某人（获准）做某事；开绿灯"。

二　"绿色"在汉英两种语言中的此有彼无

在汉语中，"绿色"也有着英语绝对不包含的含义，表示"低微"、"不名誉"、"下贱"等含义。唐代官制规定：官七品以下穿绿服或称"青衫"。如白居易在《琵琶行》诗中有"座中泣下谁最多，江州司马青衫湿"。其时，白居易被贬为江州司马，官为九品，所以他身穿"青衫"。再如白居易的《忆微之》诗中有"折腰俱老绿衫中"句，意思是说到了弯腰驼背的老年，仍屈身于低微的"绿衫"行列，说明官运不好。宋元时代，绿衣、绿巾也是低贱人的服装，乐人、乐工都穿绿衣服。汉语中还有"青楼、青楼女子"等词语。元朝以后凡娼妓都得着绿头巾，以示地位低下。因妻子有外遇而使丈夫脸上无光，低人一等，叫给丈夫戴"绿帽子"。在民间，绿色还象征凶恶，在我国专门欺负和杀害妙龄女的凶神名为"绿郎"。

在现实生活中，英国人把绿色与不成熟的果子的颜色联系在一起，于是绿色有"不成熟、幼稚的、缺乏经验的"象征意义，例如，a green hand（生手），green from school（刚迈出校门）。又如 You must be green to believe that！你真幼稚，竟然相信那个！"green"还具有表示妒忌的含义。例如，I was absolutely green（with envy）when I saw his splendid new car，我看到他那辆漂亮的新车就非常眼红。a green eye，妒忌的眼睛。因此，汉语中的"红眼病"译成英语就不是 red eye，而是 green eyed monster。

在英国，"green"有着象征忠诚、愉快、永存、正义的回归等意义。因为这些特点甚至构成了人们对经过引申、转义以后颜色的崇尚和禁忌。例如，绿色衣服象征着虔诚信徒的快乐。在纹章艺术中，绿色表示热爱、欢乐和富足。另外，英语中"green"还含有"妩媚的、精力旺盛的、青春的"之意。因此，古典名著《红楼梦》中的"怡红院"、"怡红公子"在 David Hawks（霍克斯）的译文中被分别译为 Green Delights（字面意义是"绿色的欢乐"）和 Green boy（绿色的孩子）。由于美元纸币是绿色的，所以"green"在美国也指代"钱财、钞票、有经济实力"等意义。如 In American political elections，the candidates that win are usually the ones who have green power backing。在美国政治竞选中获胜的候选人通常都是些有财团支持的人物。①

三 绿色的翻译方法

（一）直译

在汉语诗词中，"绿水"、"绿树"、"绿玉杖"、"柳绿"、"绿丝"、"绿荫"、"绿杨"、"绿窗"、"春波绿"等含"绿"的诗词出现较多。而"青"出现的频率比"绿"要高，一般以"青天"、"青松"、"青云"、"青山"、"青梅"、"青牛"、"青鸟"、"青帝"等词语出现。这种情况下，"青"和"绿"都作为形容词用来修饰相对应的名词。请看下面例句：

碧玉妆成一树高，万条垂下绿丝绦。

---

① 韩淑华：《汉英颜色词"绿色"象征意义对比》，《吉林省教育学院学报》2012 年第 12 期。

译文：The slender tree is dressed in emerald all about, A thousand branches droop like fringes made of jade.

诗家清景在新春，绿柳才黄半未匀。

译文：Poets favor the more delicate early spring scene, The willow tops are ducky yellow mixed with a pale green.

白云一片去悠悠，青枫浦上不胜愁。

译文：Away, away is sailing a single cloud white, On Farewell Beach pine away maples green.

座中泣下谁最多？江州司马青衫湿。

译文：And who was weeping the bitterest tears of all? The Deputy Chief of Jiangzhou Prefecture, whose blue gown was wet.

在以上四句诗中的"绿"和"青"可以看作是这两个范畴中的原型（prototype）。与汉语"绿"相匹配的翻译有"green"、"jade"等。与"青"相匹配的翻译有"green"、"blue"等。这是因为"green"和"jade"、"green"和"blue"是同一范畴中的成员，它们之间有着家族相似性，至于译文中到底选哪一个根据诗歌中的语境来确定。很明显在上述四个例子中，"green"同属两个范畴，即是"绿"和"青"两个范畴的重叠部分。

（二）省译

古诗是我国古代优秀文化的表现形式之一，蕴含了古代人们的智慧精华，一个简单的字往往蕴含着无限的想象，错综复杂的情感，可以达到画龙点睛之效。大多数情况下，虽然"绿"和"青"在词语分析时被看作是一个形容词，但是久而久之这两个词慢慢融合为一体，被视为一个词语。或者在译文中别的词已经可以承载其含义，人们在认知的过程中不会出现障碍，此时，为避免累赘，往往可以将其省译。请看下面例子：

门前迟行迹，一一生绿苔。

译文：The footprints you left, step by step, by our door, were moss – covered.

郎骑竹马来，绕床弄青梅。

译文：When you, my lover, on a bamboo horse, Came trotting in circles and throwing en plums.

诗句中的"绿苔"和"青梅"在译文中就是"moss"和"enplums"。在这前两个词语中的"绿"和"青"并没有译成"green""jade"之类的颜色词，甚至根本没有译出来。因为这两个字已经在人们观念中成为一个整体，在翻译时只需译出整体，而不必将"绿"和"青"单独用词译出来。这种情况在认知范畴化中可以被视为非原型成员。虽然同属"绿"和"青"这一范畴概念之下，但是它们的位置与"green"、"jade"和"blue"之类的相比较，它们的位置并非处于中心，而是在离中心稍远的位置。再例如：

知否知否应是绿肥红瘦

译文：Oh, are they? But don't you know this is the season for rich foliage, Not for fading flowers?

现在人们都知道"绿肥红瘦"是形容花已逐渐开败，而草木枝叶正盛的暮春景色，所以把"绿肥"翻译成"rich foliage"是完全可以接受的，当然也可以把"绿"译为"green"，如另一种译本"Don't you know, Dont you know? The red should languish and the green must grow?"此类情况"绿"可以省译，也可直译出来。

（三）变译

在诗歌中诗人会通过改变词的词性，例如名动转移、形动转移、动名转移等，来使诗句更形象生动。"青"一词出现较多的情况则是与另外一个名词组合在一起，从而导致其本意

发生根本变化，如"青史"、"青楼"等。请看下面例子：

春风又绿江南岸，明月何时照我还？

译文：Now, the spring breeze has greened the south bank again. When will the bright moon accompany me back to my hometown?

这句诗是出自宋朝王安石《泊船瓜洲》的名句，"绿"是全诗的亮点，诗人将"绿"形容词动词化了。这点在译文中也有所体现，译为"has greened"。这句诗中的"绿"可以说是"绿"这个范畴中的边缘化成员了，

它的本身具有一些"绿"本意，但更着重的是它特有的属性，即形容词转化为动词。这也视为是形容词范畴与动词范畴的重叠部分。再如：

粉身碎骨浑不怕，要留青白在人间。

译文：I'm not afraid so long as I remain stainless, and pure.

"青白"这个词语中的"青"已经超出"青"所能驾驭的语义范围，甚至可以说和"青"的本意不太相干，在翻译这类词时就看不到颜色词的踪迹。这句诗也将"青白"译为"stainless"。从认知范畴化的角度来看，这句诗中的"青"似乎已经被名词化了，丢弃了原来的语意，这是形容词范畴与名词范畴重叠的部分。[①]

第六节 黑色的翻译方法

一 汉英两种语言中"黑色"词的相通意义

在英语中 black 即为 the color of ink or coal。汉语中黑色指"墨或煤的"颜色。两者在下面几个意象中意义相通。

（一）坏的、肮脏的、邪恶的、令人厌恶的

黑色在英汉文化中都可以代表阴险、邪恶。黑色因其代表的颜色表示昏暗无光故常用于贬义，常与不好的事物联系在一起。在著名的芭蕾舞剧《天鹅湖》中，黑天鹅是邪恶与阴险的象征。在英汉文化中，black guard（恶棍）、black day（凶日）、Black Man（邪恶的人）、黑心肠（black-hearted）、妖术（black art）、黑心人（black soul）、恶行（black deeds）、a black eye（掉脸，坏名声）都与邪恶相连。黑色是英语文化中常用的表厌恶的颜色，如：black sheep（败类、败家子）、black mail（敲诈、勒索）、black ingratitude（忘恩负义）、a black day（倒霉的日子）、black future（暗淡的前途）、black ox（厄运）等，在西方占星术中，黑色的镜子和水晶球都是巫师占卜的工具，由此可见，黑的贬义色彩相当强烈。

---

① 祝瑶：《诗歌中"绿"水"青"山译法的认知范畴化研究》，《湖南工业职业技术学院学报》2012 年第 2 期。

（二）死亡、悲哀、不幸、愤怒、沮丧

在我国古代，黑色是一种尊贵和庄重的颜色，是夏和秦代所崇尚的正色。在现代汉语中，黑色更多的是贬义，象征死亡、苦难和悲痛。这一点与英语的 black 联想意义大致相同。例如，英美人在葬礼上穿黑色服装，中国人在葬礼上戴黑纱。在英汉两种文化中，黑色常被视为"死亡之色"。正是因为黑色常与死亡联系在一起，因此便有了悲哀、不幸之意。a black day 指倒霉的一天；a black dog 指忧郁不开心的人；汉语中同样有"黑色心情""今天好黑仔"等说法。如黑色也常用在绘画、文学作品和电影中常用来渲染死亡、恐怖的气氛。英语里，black despair; in a black mood; black comedy 和 black humor 均表悲伤、沮丧或绝望。汉语的"黑色的旧社会""黑色的心情""黑色高考""黑色星期二"等均有相同之意。

（三）私下的、秘密的、非法的

黑色因其阴暗无光，故其比喻义常与非法等意义相关，如 black money（黑钱）指不义之财、black market（黑市）、blacklist（黑名单）。汉语中同样有"黑钱、黑店"等等。汉语文化中的黑道、黑社会与英语文化中的黑手党（black hand）和黑衫党（black shirt）均指违法乱纪的犯罪团伙或组织。

（四）庄重、正义、高贵

我国古人常将铁的坚硬特征与黑色联系起来，用黑色来象征"刚直、公正无私"，往往用黑色象征历史人物的秉公执法、刚正不阿等，最典型的代表是宋朝的包青天。black 在英语文化中同样也象征"庄重、威严和尊贵"。一些特殊场合的空间设计，生活用品和服饰设计大多利用黑色来塑造高贵的形象，如西方公共场所的与会人士（如官员、贵族、商人及学者）、演出时的演奏者，参加葬礼的人们以及法庭上的法官大都着黑色服装以示庄重。因此有 a black tie dinner（很正式的聚餐会，与会者须穿礼服及黑色的领带）。在中国古代，当大臣们与皇帝谈话时，要穿上用黑色丝绸做的"缁衣"；祭祀时皇帝和臣民穿的"戈绨"、"玄衣"也都是黑色的。

二 "黑色"词的中英文化的内涵差异

在汉语文化中，黑色多有浓重鲜明的政治色彩，是反动和反革命的象征，如"黑后台"、"黑爪牙"、"黑五类"，等等。黑色的含义还经常与人体的某一部位相联系，如京剧中的"黑脸"，则是刚直不阿、大公无私的象征。此外，"黑户"（没户口的人）；"黑店"（杀人劫货的旅店）；"黑幕"（不透明的内幕）；"黎民"的"黎"指黑色，象征贫困穷苦。汉语中还用黑色表"耻辱的"、"不体面的"之意，如古代的犯人，其脸或前额会被用墨水涂上颜色，以示抹不去的耻辱。

　　20 世纪 60 年代，随着美国人权运动的兴起，黑色便成了人们引以为荣的标志，因此英语中出现了许多褒义和中性的有关"黑"的颜色词。如 black English（黑人英语）、black culture（黑人文化）、black nationalism（黑人民族主义）、black studies（黑人学、黑人文化研究）等。在商务英语中，"黑字"代表入超，证明没有欠债，因此 in the black，black figure（表"盈利"和"赚钱"）、interest in the black（应收利息）等词语皆与收入有关。此外，black coffee（纯咖啡，不加牛奶或糖）、black tea（红茶）、black and blue（青一块紫一块）、black eye（丢脸的事）、black in the face（脸色发紫）、black memory（对死者悲痛的记忆）、black mass（安魂弥撒）等都是英语文化中特定的表达。①

　　三　"黑"的翻译方法

　　（一）直译法

　　直译是众多翻译方法中的一种，鲁迅曾一直主张"信而不顺"，中国已故哲人、美学家、翻译实践家朱光潜也十分重视直译，他认为文从字顺的直译就是理想的翻译。黑色表示同一内涵意义时在英汉互译过程中可采取直译的方法且不会引起歧义。英语中有些带有"black"的词汇在译成汉语时也常用"黑"，但是如果不了解其文化内涵也就无法准确地理解这些词汇所表达的真正含义，如 Black Tuesday（黑色星期二）指的是 1987 年 10 月 19 日（美国星期二），华尔街股市崩溃，随后世界各地股市也随之崩溃，这个"black"有"坏"的联想意义，与美国特殊经济事件有关，在翻译时如果不加以注释，读者就很难理解"黑色星期二"的真正含义。

　　（二）意译法

　　有些时候汉语中的"黑"与英语中的"black"不能对应直译，否则无法体会其包含的文化内涵，在翻译时应遵循语义优先的原则常需失去色

---

　　① 简建雄：《黑与白两种基本颜色词的翻译及其文化内涵》，《剑南文学》2012 年第 6 期。

彩意义而采用意译的方法。如果"black mail"被直译为"黑色邮件"就会使许多读者难以理解其真正含义，在英语中这一词指的是坏人通过邮寄信件对某人进行恐吓、敲诈、勒索，因此应该意译为"敲诈勒索"。类似的例子如：

自从她丈夫去世后，布朗太太一直情绪低落。
After her husband died, Mrs. Brown was always sin black mood.
新的生产方式使公司开始有盈余。
New production methods put the company in the black.
汤姆并不像大家说的那么坏。
Tom is not so black as he is painted.
我经过她身边时，她恶狠狠地瞪了我一眼。
She gave me a black look as I passed her.
在会议上他的行为给他的政治生涯留下了污点。
His conduct at the meeting made a black mark on his political career.
每个特权阶级对于它内部的害群之马最初都是设法加以掩饰，要是积习难改就被踢了出来。
Every privileged class tries at first to whitewash its black sheep; if they prove incorrigible, they will be kicked out.
教授气得脸色发紫。
The professor was black with anger.

汉语中同样有些带"黑"的词语在译成英语时需意译，如"黑五类"指中国"文化大革命"时期的地主、富农、反革命分子、坏分子、右派分子五种人（多用来指家庭出身），因此应被意译为"the five categories of disgraced people"，这和中国独特的历史事件有关，因此不可直译以免产生误解。类似的词语有：黑货（smuggled goods）；黑社会（the underworld）；黑店（an inn run by brigands）；黑势力（reactionary forces）；黑分子（sunspot）；黑帮（sinister gang）；黑户（unregistered household）等等。[①]

---

① 吴晓梅：《中英颜色词"黑色"的文化涵义及其翻译》，《学术论坛》2008年第6期。

第七节　蓝色的翻译方法

一　汉语中蓝色的含义

由于汉英民族不同的风俗和语言表达习惯，东西方人在基本颜色词的使用方面存在许多文化差异，因此译者怎样处理好颜色词的翻译不容忽视，这里着重探讨"蓝色"（Blue）在汉英语言中存在的文化差异及其翻译的问题。

蓝色在汉语文化中给人以恬淡宁静、意蕴深远、心旷神怡的联想，中国人较西方人更喜欢蓝色。蓝色往往让我们联想到浪漫美好的事情，如蔚蓝的天空，象征中国风的青花瓷等。"蓝色"一词极富韵味，可表示"纯净、安详、美好"等意思，唐朝诗人白居易《忆江南》中的"春来江水绿如蓝"令人心旷神怡。

我国古代儒生都穿蓝衣，明代服饰流行宝蓝色，清代官服一律为蓝色，即使在科技发达的现代，当你漫步在江南水乡，还是会在不经意间发现那些让人返璞归真的蓝印花布。由此可见，这"蓝色"文化深深扎根在中国人的心中。

在现代汉语中，"蓝色"的喻意很多，可指"原始的、基本的"。"蓝本"指编修书籍或者绘画时所根据的底本，可译为"original version of a work or chief source of writing"。"蓝图"（blue print）表示宏伟的计划，比喻人们对未来的憧憬和梦想。"蓝色"还可喻"破旧"，《左传》里有"革路蓝缕"之说，其中的"蓝"是"褴"的通假字，形容衣服破烂不堪，可意译为"worn out, ragged, or shabby"。

蓝田玉在中国也是十分出名的，不知道是不是占了"蓝"字的光，"蓝田生玉"比喻贤能的父亲生得贤能的儿子，可意译为"children born of great parents"。《荀子·劝学》里的"青，取之于蓝而青于蓝"，有长江后浪推前浪之意，可意译为"Pupils may surpass the master"。因此，在翻译上述带"蓝色"的表达法时，要考虑其深层含义，准确地传达汉语的文化信息。

二　英语"Blue"的含义

众所周知，英语文化就是海洋文化，大海的颜色在不列颠民族中十分重要，英美文化把“苍天”和“大海”称为“the blue”。因而出现了一些固定表达法，如“blue moon”，可意译成“百年不遇、千载难逢”；“out of the blue”指“突如其来、预料之外”；“a bolt from the blue”指“晴天霹雳”。

英语中“blue”所蕴含的丰富文化内涵：在许多国家警察的制服是蓝色的，警察和救护车的灯一般是蓝色的，因为“blue”有着高雅、忠诚、勇气、冷静、理智、永不言弃的含义。比如在美国，警察常穿蓝色的制服，美国俚语中称警察为 blue，blue boys 或 blue coats；而警车常漆成蓝白相间，因此 blue and white 也就成了警车的代名词。由于某种原因，警察在执行公务时纷纷打电话请假，似乎成了无中生有的流感，新闻媒体常称为“blue flu”。

又如在英国，婚礼风俗要求每个新娘的嫁妆“Something old，something new，something borrowed，something blue”直译过来就是“一些旧的，一些新的，一些借来的，一些蓝色的”，这里的蓝色即表示忠诚。

欧洲的贵族往往被称为有“蓝色的血”，有人认为这个称呼来自于他们苍白的皮肤。因此，在西方，“Blue”还可表示“社会地位高、有权势或出身名门望族”等。“blue blood”指“贵族的血统”，如果直译为“蓝色的血液”就与原意大相径庭了。“blue room”特指“白宫总统会见挚友亲朋的会客室”；“bluebook”是“刊载知名人士，尤其是政府高级官员的手册”，不能按字面意思翻译成“蓝色的书”，否则会让人不知所云。

“Blue”的否定含义常用来表示抑郁、疲劳、孤独与沮丧，这是受了西方文化的影响，这个意象也运用在文学作品或感性诉求的商业设计中。与此有关的是治疗这些症状的药物，如体育界层滥用的安非他命兴奋剂，称为“blue one”。大家所熟悉的一种音乐“blues”，其实指的就是“一种悲伤忧郁的音乐”；还有一些常用的词组，如“be in the blues”指“无精打采”；“fall in the blues”表示“郁郁寡欢”；“a blue Monday”表示“喻快周末过后，又到了令人讨厌的星期一”；“Holiday Blue”指“圣诞节来临之际，人们由于经济拮据而不能置办年货，所以心情闷闷不乐”；法国名曲“Love is blue”如果直译为“爱情是蓝色的”，将使人百思不得其解，应意译为“爱情是令人忧郁的”。人们由于寒冷或者恐惧引起的变化也常用“blue”来表示，如“look blue”指“脸色发青”；“blue with fear”和“blue junk”都喻指“极度恐慌，无法控制”。

英语中的"blue"还和经济有关。在西方赌场，赌博筹码（chip）面值最高的为蓝色，红色筹码次之，白色筹码最差，因此"blue chip"常用来形容最上等的货色，如潜力大的热门股票，投资者就把这些行话套用到股票上了。美国通用汽车公司、埃克森石油公司和杜邦化学公司等股票，都属于"蓝筹股"。现在，blue chipper 常用来形容出类拔萃的人物。①

三 "Blue"和"蓝色"的英汉互译策略

通过以上对比分析可以看出，"蓝色"这一颜色词在英汉两种语言中各有相同和不同的联想意义和文化意蕴。在英汉互译时应考虑语言的文化因素，如历史、地理、宗教、政治、风俗等因素的影响，因为翻译不单纯是两种语言在形式上的传递，也是两种文化在内涵上的传递，所以应采用恰当的翻译策略，最大限度地传递"蓝色"所承载的文化信息。在翻译过程中，对文化因素的移植和处理，译者可以采取以下策略：

（一）归化翻译

以目的语文化为归宿的翻译策略被称为"归化"。归化策略旨在为目的语读者提供符合其文化规范的译文。由于语言所负载的文化差异会造成种种障碍，有些障碍是无法逾越的，特别是在源语言承载了文化信息或者存在文化缺失，应该采用归化策略，做到文化的对等交流。如果只直接采取异化翻译法，没有考虑到语言所承载的文化因素，译出来的东西会晦涩难懂。如 blue china 青花瓷、a male confessioner 蓝颜知己、Waterloo Bridge 魂断蓝桥。

（二）异化翻译

以源语言文化为归宿的翻译策略被称为"异化"。异化策略旨在使译文冲破目的语的文化常规，忠实地传递和再现源语言的文化意蕴。随着世界各国经济、文化交往日益频繁，语言文化的交融成为可能，翻译中"异质"成分的保留有助人们接受和了解异域文化，汲取外来营养，丰富本民族语言，从而推进各民族间的文化交流，拉近不同文化间的距离。如 bluebook 蓝皮书，blue teeth 蓝牙技术，blue chip 蓝筹股。

（三）归化异化相结合翻译

翻译中的归化和异化两种策略并不是矛盾对立的，而是互为补充的。恰当运用异化与归化相结合的翻译策略，使读者能从跨文化的角度正确理

---

① 陈文婕：《"blue"不仅仅是蓝色》，《海外英语》2011 年第 7 期。

解另外一种语言和文化。二者相结合才能将一种特定社会文化背景中言语的意义和内涵用另一种语言再现出来，在保留原文异域性和独特性的同时，又能够保持译文的可理解性和可欣赏性。如 bluebeard 蓝胡子、弑妻者，blue – brick university 蓝砖大学，指牛津、剑桥等历史悠久、享誉盛名的名牌大学，blue Monday 蓝色星期一，令人沮丧的星期一。

第八节　红色的翻译方法

一　汉英两种语言中"红色"的意义相通之处及其译法

红色是一种暖色，它能给人神经的刺激，使人兴奋，能给人以愉快的感觉。一看到红色，我们会显得兴奋、高兴。红色是强有力的色彩，是血的颜色，红色能够使肌肉的机能和血液循环加强；红色是热烈、冲动的色彩，通常革命的旗帜使用红色来唤起人民的革命斗志和热情；红色是一种强烈而鲜艳的颜色，是太阳，是火的颜色，容易激发人内心强烈的情感。有心理学家调查分析表示，人在面对红色时，容易亢奋。英语和汉语中，"红色"都会给人们带来如下影响：

红色是血与火的颜色、是太阳的颜色、是生命的颜色，容易使人联想到鲜血，因此含有丰富的政治含义。在我国就能发现大量的与"红色"这一颜色词相关的政治词汇，如在古代两汉时农民起义军就有赤眉军。近代，红军、红色娘子军、红色政权都是家喻户晓的革命词汇。现在我们也不难发现在我国仍然存在大量的与政治含义相关的"红色"。例如，我国的国旗是五星红旗是红色的，我国的国徽是红色的，与中国共产党的一切会议相关的会场布置是红色的。总之，在我国"红色"象征了中国人民不屈不挠的革命斗争精神和坚强的民族气魄。在英语国家，red 也可象征革命和社会主义。根据基督教的传统，红色代表了基督和众人殉难时的鲜血，往往红衣教主身穿红色的教服，意味着随时准备为教会牺牲自己的生命。所以，"red"也有为革命献身的象征意义。在英语词典中"red"是共产主义或共产党的同义词。在英语国家中，"Red Army"代表苏联或中国历史上的红军。

无论在英语国家还是在中国，红色往往与庆祝活动或喜庆日子有关。我国自古以来就特别喜爱红色。春节是我国的传统节日，在春节时家家户户要贴上红春联，挂上红灯笼，点燃红鞭炮，给上小孩红包，在整个春节期间，家家户户都随处可见用红色装饰的物件，洋溢着喜庆快乐的气氛。在婚庆的时候，新娘子要穿红衣裙，头上盖红盖头，门上、床头要贴红双喜。在我国红色还是一种能带来美感的色感，在《红楼梦》中角色的穿着是红色的，如宝玉的大红箭袖、王熙凤的桃红洒花袄、芳管的海棠小红袄等。最近在我国开始流行有许多与红相关的词语来象征兴旺发达。如红运，开门红，满堂红，红日高照，上红榜，红运亨通，大红人，很红、唱红了、演红、走红、红得发紫等。

在英语国家，也用"red"象征喜庆，只是远不如中国的"红色"使用广泛。例如，在英语国家的日历上我们会发现节日是用红色标识出来的，近来我国也在日历上把节日用红色的字体标识出来。另外在英语里有 red – letter days（译为纪念日，喜庆的日子），指节日或者重要的日子，喜庆的日子。例如 Tomorrow will be a red – letter day for him；he's getting married. 明天是他大喜的日子，他要结婚了。另外在英语中"red carpet treatment"表示"the kind of courtesy or deference shown to persons of high station"表示隆重的接待。英语国家中也用"红色"象征着兴财富的兴旺，这主要体现在股票市场。全世界的股市都是"红色"代表上涨，"红三角"代表买入信号。

红色在色彩学中被视为暖色，是一种强烈而鲜艳的颜色，它能给视网膜强烈的刺激，并能对人的生理反应产生直接的影响。例如，在红色环境中，人的脉搏会加快，血压逐渐升高，情绪兴奋冲动。据科学研究颜色还能影响脑电波，脑电波对红色的反应是警觉。因此，在日常生活中红色可起警示作用，提醒人们警惕。这一点在中国与英语国家是相同的。例如，十字路口的"红灯"（red light）是停止信号，提醒人们在过马路遇见红灯时应该警惕，应该避让周围的车辆，注意自身的人身安全；老师在批阅完试卷登分时，常用红色来记录不及格的分数；财务人员记账时记录亏损差额是用红墨水，于是"赤字"（red）一词即表示亏损。在日常生活中我们还能经常发现在中国和西方国家一些危险物品的托运文件贴上了 red label（红标签）来提醒人们警惕小心；一些诸如"高压危险"、"易燃易爆品"、"小心火灾"等警示标语都是使用红颜色。由于红色能给视网膜强烈的刺激，神经因而兴奋，内心能产生强烈的感情，这种强烈的感情会通常表现为生气、恼怒，恼火。因此不难发现在英汉文化中红色还象征着强烈的感情，如"恼怒、生气、恼火"。在汉语中我们常用"脸红脖子粗，面红耳赤"表示"恼怒、生气"，英语中也有"see red"、"like a red rag to a bull"这一类短语来表示"恼怒生气"。另外，在英汉文化中，红色也具有消极的象征意义，传统上水性杨花的女人穿的衣服是红的，如在电视上看见的那些妓院女子总是穿红色的衣服出现（这点与红楼梦的红色服饰的象征意义不同）。在英国，异教徒的偶像常被画成红色。在《启示录》里，大淫妇穿着紫色和朱红色的衣服。例如在霍桑的长篇小说《红字》中，"红色 A 字"是一种通奸的标志，耻辱的象征。①

当汉语的"红色"与英语的"red"在语义层面相通对应时，采用直译或对等译法往往会奏效。例如，汉语的红色与英语的"red"在词义层面上的对等，当红色用来表示客观事物时，汉语的红色与英语中的"red"在字面意义上大致相同。如 a man wearing a red beard（一个蓄着红胡须的男人）；red wood（红杉）；red squirrels（红松鼠）；red cabbage（红色卷心菜）；red carpet（迎接尊贵客人的红地毯）；Red Cross（红十字会）；red light（红灯，表示"停"的道路信号）；red wine（红酒）。

然而，对等从来就是一个相对的概念。在汉语、英语两种语言文化之间存在着较大的差异，无论是文化背景、民族传统、思维以及表达方式等方面，都有着相当大的距离。金缇先生认为，奈达的等效论所谓的对等是效果上的对等，这种对等不是机械地综合语言学、语义学、语用学等方面的对等，而是依靠艺术的眼光和文化语言素养，全面细微地考虑各方面因素。由于英、汉两种语言体现着两种不同的文化、民族传统、生活环境、思维和表达方法，二者之间有着相当大的距离，不可能存在完全对等。

因此，当汉语的"红色"与英语的"red"在词义不能对等时，如果仍旧采用对等译法，译文所传递的信息则会令人费解。例如，不能把汉语的"红人"对等译成英语的"a red man"，而应该译为"a favorite with somebody"；"红运"不能译成"red luck"，译成"good luck"则更符合英语语言习俗。类似的还有：红利（bonus; extra divided）、红尘（the world of morals）、红榜（honor roll; honor board）、走红（be all the range then）、分红（distribute or draw dividends）、"开门红"中的"红"代表好运气，表示"一开始就取得好成绩"。"开门红"（symbol of success, get

---

① 杨琼：《"红色"在中英文化中象征意义和翻译的探讨》，《科技信息》2010 年第 9 期。

off to a good start）这个用语不能按字面意义译成英语，应释义为 to begin well，to make a good start，有时相当于汉语中的"旗开得胜"的转义：win victory in the first battle—win speedy success. ①

二 英汉两种语言中"红色"的意义差异及其译法

在现代汉语中"红"是褒义居多，如开门红，红运，红人；中国人还把结婚称作红喜事，而英语中的"a red – letter day"（喜庆的日子）意思则与其相似。但是，不论是在古代汉语还是在现代汉语中这种相同或相似之处并不多见。实际上，"red"在现代英语中更多的有贬意的含义。例如"to see the red light"意思是意识到危险的临近（to recognize the approaching danger）；"to be shown red card"意思是被炒鱿鱼，被解雇（to be dismissed from one's job）；"to be in the red"意思是经费透支或负债（to have an over-draft，to be in debt）；"to catch someone red – handed"意思是把犯人当场捉住（to catch someone in the act of committing a crime，usually a theft）；"red brick"意思是二流大学，特指 19 世纪在伦敦建立起来的大学。

这种差别由于政治历史的因素更加明显。在中国，"红"字在政治上有独一无二的褒义地位。例如红旗手、红军、红区、红色娘子军、红色根据地。20 世纪 60 年代的"文化大革命"使"红"的政治褒义色彩更加突出。红宝书、红卫兵、又红又专这些词在当年都具有褒义色彩。而在英国，甚至于欧洲国家的政治中，由于政治制度与思想的不同，"red"的政治含义常常是贬义的。如 red ideas（赤色思想）、go red（赤化）、a red revolution（赤色革命）、red belt（受苏联或共产党控制的赤色地带，赤色区）。②

当"红色"在汉语、英语两种语言中不存在语义层面上的对等时，为了更有效地传递信息，采用灵活的翻译方法会起作用。正如金缇先生指出的那样，所谓灵活，就是在两种语言转化过程中，不是搬用一些僵硬、简单化的公式，而是灵敏地抓住微妙的变化，使这种语言转化过程符合真正的语言规律。灵活的翻译力求在汉语、英语两种语言文化中寻求差异中的对等，使得原文的内容以及感情得以再现。语言学家雅各布森

---

① 田春艳、吕淑文：《文化差异与英汉语言中"红色"的翻译》，《徐州工程学院学报》2006 年第 11 期。

② 郑鸿升：《颜色词"red"和"红"的意义比较》，《四川教育学院学报》2007 年第 10 期增刊。

（R. Jacobson）在论翻译中说道："差异之中的对等，这是语言的根本问题，也是语言学的关键课题"。

由于英汉两民族生活习惯、思维方式的差异，对于"红色"的界定也不同。"红色"译成英语应根据英语的习惯做些变通，将其"实"意传达给英语读者，以便于读者接受和理解。汉语中的"红茶"译成英语是"black tea"，而不是其字面意义"黑茶"。汉语的"红茶"针对茶水的颜色而言，故称其为"红"，而英语的"black tea"着眼点则放在茶叶的颜色上。再如，汉语的"红糖"译成英语为"brown sugar"，字面意义是"棕色的糖"。汉语的"红烧牛肉"，其中"红烧"是指汉语语言文化中的一种烹饪方法，相当于英语中的"stew（or braise in soy sauce）"，"红烧牛肉"译成英语是"stewed beef"。

汉语中"红色"常用来形容、描述人们的心理、情感，如由于生气、害羞、紧张等原因变得"脸红"，在英语中则有不同的表达方式。"气得脸红"译成英语是"be red with anger"；"他羞得两颊通红"译成英语是"Shame flushed her cheeks"。马克·吐温在《循赤道之行》中说道，"Man is the only animal that blushes. Or needs to"译成汉语是"人类是唯一会脸红的动物，或需要脸红的动物"。如果仅仅注重词义对等，将汉语中的"红色"一味地翻译成"red"，而不考虑英语语言的语言文化背景，英语读者会疑惑不解，很难实现传递信息的目标。[①]

三 "红色"的具体翻译方法

（一）对等直译

如果英汉语红色词在词义上相同，就可以直接将原文的对等翻译。如红旗 red flag；红酒 red wine；红灯区 red light district；红十字会（国际志愿救济团体）Red Cross；红灯（交通指示灯）red light；红色警报/警戒 Red Alert。

（二）换词译法

如果红色在英汉两种语言中分别被不同的颜色词所指称，直译会导致读者不正确的联想，这时应根据译入语的习惯，改变原文的颜色词。如汉语中的"红茶"在英语中应翻译成 black tea，汉语中的"红糖"在英语中应翻译成 brown sugar，汉语中的"眼红"在英语中应翻译为 green -

---

① 田春艳、吕淑文：《文化差异与英汉语言中"红色"的翻译》，《徐州工程学院学报》2006 年第 11 期。

eyed。再如红榜 honor roll；她眼圈红了 Her eyes became moist；它像飞来的吉庆，像天降洪福，像意外红运 It is like a windfall, like a Godsend, like an unexpected piece of luck。

（三）换形意译

有些颜色词语因为是习惯用法，有引申意义，这时，可以根据原文的意思，完全忽略原文的颜色词，而用译入语的适当词语来翻译。如：

总统在罗马受到了隆重的接待。

The president was treated to the red carpet in Rome.

这是中国历史上值得纪念的日子。

It was a red – letter day in the history of Chinese revolution.

一个窃贼在砸开锁时被当场抓获。

A thief was caught red – handed in the act of breaking open a lock.

我们很快就会扭亏为盈。

We'll soon be out of the red.

每次来纽约，他都要痛饮一番。

Every time he comes to New York, he wants to paint the town red.

汉译英词组如：

红豆：love pea ；

红得发紫：enjoying great popularity；

红颜：a young beauty ；

红白喜事：wedding and funeral；

开门红：to make a good start；

红光满面：to be healthy and energetic；

红娘：go – between 或 match – maker。[1]

四　习语和谚语中红色的翻译

习语和谚语在英语和汉语两种语言中都占有重要地位，英汉两种语言

---

[1]　陈二春、李彩萍：《英汉颜色隐喻及其翻译："red"与"红色"》，《江西理工大学学报》2009 年第 6 期。

中的习语、谚语蕴含着各自不同的文化背景。在翻译习语、谚语时，译者应传递原语言中特定的文化信息，并且恰如其分地表达其实际含义和文化内涵，将原语言特定文化特征、文化形象所蕴含、表达的意义传递给译入语的读者。

人们用来描述情感的习语中不乏包含红色。如用来形容人们由于生气、气愤、羞愧等，面红耳赤（be red in the face；or be flushed），争得面红耳赤（argue until everyone；or have a heated argument），羞得面红耳赤（flush with shame or shyness）。又如，"红光满面"是说明一个人的身体健康，译为 one's face glowing with health。

英语颜色习语中的"red"在字面意义上很难与汉语的红色联系起来。如英语中 to see red 用来描述一个人"突然生气，不能控制自己"，译成汉语为"怒不可遏"、"火冒三丈"。英语习语 in the red 翻译成汉语为"负债；亏空"；口语中也可以说，get（sb.）into the red（使某人负债）。例如，My bank account is ＄500 in the red（我的银行账户有 50 美元的亏空）。His business is in the red again. I might have to close it（他又负债了，可能得歇业）。相反，英语中的"偿清债务"则是 be out of the red；帮某人偿清债务 get（sb.）out of the red。英语习语 red tape 用来形容拖拉的公事程序，译成汉语为"官僚作风，繁文缛节"。to paint the town red 表示狂欢、痛饮、胡闹。谚语内容精辟，寓意深邃，有广泛的感染力。

为了使谚语的译文通顺、自然，灵活地再现原语言的精髓，英、汉两种语言的文化背景、习俗在翻译过程中举足轻重。如《红楼梦》中，作者运用了大量的谚语，其中第五十七回"千里姻缘一线牵"，译者对于汉语典故中红线的翻译，影响着来自于低语境文化的英语读者对于这句谚语的理解。有的翻译家将这一谚语译为"People a thousand Li apart may be linked by marriage"。英国翻译家 David Hawks 将这句谚语翻译成"... yet if the old man under the moon hasn't tied with his scarlet thread..."。在翻译过程中，David Hawks 采用灵活的翻译手法将原谚语中所包含的神话背景传递给英语读者，译文中"红色"译为"scarlet"而非"red"，反映出"红色"在汉、英两种语言中的不同含义。①

---

① 田春艳、吕淑文：《文化差异与英汉语言中"红色"的翻译》，《徐州工程学院学报》2006 年第 11 期。

第五章　委婉语的翻译方法

在汉语中，人们使用礼貌用语通常要做到"四有四避"，即有分寸、有礼节、有教养、有学识，要避隐私、避浅薄、避粗鄙、避忌讳。在语言艺术中我们称之为"委婉语"，又称"婉转、避讳"。委婉语是一种委婉含蓄、烘托暗示的语言表达方法，是人们协调人际关系的一个重要语言手段。它是在一定的语言共同体内，受制于特定社会文化域，为避免不便明说的意义或意图，采取婉转间接的语言手段进行交际的一种语言符号。委婉语是一种常见的修辞格，在各种语言现象中普遍存在。委婉语的使用是各个民族语言中的共有现象，在语言交际中被广泛运用。汉英两种语言在委婉语这种修辞手段上存在着相似的现象，但由于双方历史背景、风俗习惯、生活环境、美学观念的差异，各自在语言的特色、结构和运用范围上又有所不同。

第一节　汉英委婉语的差别

中国文化属人文文化，西方文化属科学文化。中国文化以道德为本位，崇尚群体意识，追求人与自然的和谐，把人与自然看成浑然一体。西方文化以功利为本位，强调人权，主张个人至上。从文化根源出发，可以看出汉英委婉语所蕴含的文化差异。

一　宗教信仰造成的差异

中国华夏文明的早期，人们相信日月交替、风雨雷电、火山地震以及人的生老病死等均受不同的自然之神支配，神是万物的主宰、祸福的根源。因此，神灵不可亵渎，与神灵有关的东西都应被尊为灵物，被列为禁忌，不可冒犯。基于这种对神灵权威的敬畏感，于是人们就产生了一种对自然神力的崇拜和畏惧。鬼神名称成了人类最早的禁忌语，而指代鬼神的词语就是最早的委婉语。譬如将水神称作"河伯",火神称作"祝融",将"妖怪"美称为"神仙","狐狸"称为"狐仙",甚至村庄里头的大树也被称为"树仙"。自周朝开始,人们有了讳避称谓的习俗。到了秦汉时代,不但人死后讳名,生前也要讳名了。最初的名讳流行于上层社会、权威人士之间,后来流行于民间,成为一种民间习惯。

在英美国家,基督教中存在大量的禁忌语,其中上帝的名称就是一大禁忌。基督教认为上帝和耶稣、耶和华的名字不可随意提及,否则就会冒犯神灵。人们出于对上帝的敬畏,便创造了许多避讳的说法和溢美之词,将上帝称为 the Almighty(万能者)、the Supreme Being(至高无上者)、Holy One(至圣)、the creator(创造者)、the maker(造物主)、the Savior(救世主)、the Lord of Lords(万物之主)、the King of Kings(万王之王)等。

与汉语委婉语的产生根源相似,由于生产力水平和科学技术的水平低下,古时的西方人将许多无法解释的自然现象也归因于神明鬼怪。因此,人们对神明顶礼膜拜进而心怀敬畏,对鬼怪充满恐惧,不敢直呼其名。英语中有谚语 Talk of the Devil, and he is bound to appear(谈到魔鬼,魔鬼就一定会出现)。魔鬼等鬼神的名称就成了英语中最早的禁忌语,而指代鬼神的词语便是最早的委婉语。

二 传统与伦理造成的差异

汉文化以家庭为核心,注重敬老尊贤,提倡伦理道德,崇尚家庭和睦、子女孝贤,谦和有礼、尊老爱幼。在中国的传统文化中,"老"象征着经验丰富、学识渊博、成熟稳重、诚信可靠,因此年老是资历深和地位高的象征,表达"老"的委婉语也饱含敬意,如"老当益壮""老成持重""老马识途""老将出马,一个顶俩""姜还是老的辣"等。中国人常在姓氏后面冠以"老"字来称呼那些德高望重的老年人,如"张老""李老"等。汉语中表达老的委婉语还有"迟暮""华首""秋方"等。

西方国家通常家庭结构松散,家庭观念淡薄。传统上成年子女离开家庭独立谋生,导致老人生活孤单寂寞。"老"意味着记忆退化、知识老化、思想僵化、行动迟缓、固执任性等。这也是英语中有关"老"的委婉语常被 senior citizen(年长公民)、past one's prime(壮年已过)、the longer living(长寿者)、distinguished gentleman(尊贵的绅士)等来代替的原因。委婉语研究专家尼曼曾风趣地指出，当代美国没有"老的"（old），而只有"老练的"（seasoned）或"保养有方的"（well - preserved），就是这个意思。

三 价值观念造成的差异

中国传统文化倡导"利他"精神和重义轻利的价值取向，根据对"利"与"义"的态度来定义君子和小人，"君子喻于义、小人喻于利"。由于人们崇尚知识，耻于经商，羞于言钱，抱定"万般皆下品，唯有读书高"的信念，因此就有了众多有关金钱的委婉语，如将钱戏称为"孔方兄""贯头""官板儿""五斗米""阿堵物""龙洋""龙人头""袁大头""大团结"等。

西方文化主张个人价值至上，宣扬以个人为主体和中心，有着突出的"利己"思想，人们支配各种人际关系的出发点是实现个人利益、维护个人尊严，并以此为价值尺度来决定自己的行为和态度。因此，西方文化崇尚金钱，追求物质利益，人们对钱的态度直率、坦然，从不委婉遮掩，因此有关钱的委婉语也就极少。

四 等级观念造成的差异

中国古代奉行严格的封建等级制度，强调"尊卑贵贱""上而有序""为尊者讳"。如袁世凯由于"元宵"音似"袁消"，听起来不吉利，便下令将"元宵"改称"汤圆"。孔子的避讳更精彩，宋朝时候，朝廷下命令，凡是读书读到"丘"字的时候，都念成"某"字以示尊敬。清朝时候，朝廷下令将天下"丘"姓都改成"邱"，并且要读成"七"音。于是天下姓"丘"的人们从此就改姓"邱"。

英美国家奉行"人人平等"的观念，认为一切与私生活有关的问题都属于敏感问题，因此在交际场合尽量避免谈及个人年龄、体重、贫富、婚姻等话题。在日常交际中，为避免唐突无礼，人们常用委婉语以示对他人的尊重。人们尽量避免使用 old、aged 等字眼，而代之以一些悦耳的词汇，如 senior citizens（资深公民），seasoned man（历练的人），golden years（金色年华）等。

五 思维方式造成的差异

中国传统思维属于螺旋式整体思维，强调人与自然的浑然一体，认为事物彼此联系，人们观念上以家庭为重，个人服从家庭、群体，注重伦理道德和内心修养，求同求稳，以和为贵，以忍为高。这种"农业文明"

造就了中国人谦恭、内敛的品性，在言行方面强调有发有收、谦逊有礼，人们常以谦敬的方式表达委婉和礼貌。如古人常自称"鄙人""不才""小可"，而对别人则尊称"阁下""足下""师傅"等。

西方人以自然为认识对象，尊重科学，讲究理性，这使得西方人的思维方式具有很强的实用性。这种"工业文明"造就了西方人直线型的思维结构，西方人主张天人相分，注重事物之间的独立性，具有较强的斗争精神，善于维护自身利益，性格率直，个性张扬，言行直截了当。①

第二节　委婉语的交际功能

一　避讳功能

委婉话的产生与语言禁忌（taboo）有关。禁忌是古代社会中原始信仰的遗存，是由于人们对不理解的神秘力量的恐惧所约定俗成的一些消极的防范措施。在语言上的表现就是语言禁忌，即为了避免想象中的不利后果，在某些场合不讲某些话，而采用避讳的话或词语（即委婉话）去代替。如古人相信语言中蕴藏着一种神秘的力量，与其所代表的物或人之间存在魔结（magic bond），可带来吉祥，也可招致祸殃，可赐福，也可伤人。New Britain 的 Sulks 部落就避称其敌对部落"Golatei"的名字，而叫之"the rotten tree" trunks（烂树干），诅咒其变得软弱无力、不堪一击。汉语自古以来，避讳亦成风气：讳名、讳地、讳事，五花八门，无奇不有，稍有不留意，就会犯忌，惹麻烦。宋朝有个州官叫田登，自其名，百姓也自然避其讳，称"登"为"火"，"点灯"为"点火"。时逢元宵节，州府书榜揭于市，上写道："本州依例放火三日"。世人讥讽说："只许州官放火，不许百姓点灯"。

二　避俗功能

在人际交往中，有的行为尤其是生理行为不便描述和表达，有的甚至只能意会不可言传，如排泄、性行为、生儿育女、身体的某些部位等。因

---

① 顾建敏：《汉英委婉语的文化差异研究》，《河南大学学报》（社会科学版）2011 年第 1 期。

而产生了一些相对隐讳的表达。如英语中一般不说"piss"和"shit"，而含糊地说：to make number one, to answer the nature, to wash one's hands 等；不说"intercourse""copulate"而说"to make love""to go to bed with"等；不说"She is pregnant"而代之以"She is expecting"或"She is in a delicate condition"，汉语中有"方便、去一号、去洗手"，"月例""例假""天癸""臀部""胸部""房事""做爱""云雨""有喜"等。另外，汉字中还有空字避讳的方法，典型的例子如当代作家贾平凹的《废都》中，多处描写性行为的地方均用方框取代。而英语中常用缩略词取代难以启齿或不文雅的事物的全称。如 AIDS（Acquired Immune Deficiency Syndrome：艾滋病）、VD（Venereal disease：性病）、BO（body odor：狐臭）、SOB（son of a bitch：婊子）等。

三　礼貌功能

在语言交流中，以礼相待体现为使用委婉语取悦对方，避免冒犯或非礼。有的语言学家认为，这是人们在交际中遵循的礼貌原则，礼貌是减轻某些为给面子带来威胁的意图的表达，即为照顾自己和听话人的面子的需要所作的努力。有人说，汉语是世界上称谓最丰富的语言。因为汉语中有大量的敬称和谦称，如"令尊、仁兄、贤妻、鄙人、愚兄、贱内、犬子"等词语，显示说话人的温文尔雅、彬彬有礼。相比之下，英语这方面的敬称和谦称就不如汉语那么丰富。但汉英中也有某些礼貌方面的委婉语是相通的，如为避免伤害他人情感和自尊心，引起不快，称"blind"（瞎子）为"sight deprived"（失明）；称"crippled"为（跛脚）；称"disabled"为（腿脚不方便）；称"idiot"（白痴）为"totally dependent"（智残）。英美人明知有人在说谎，却不直说"he is a liar"而说"he often tells untruths"或者说"he has credibility gap"。这种现象折射出了人们另一种好面子的交际态度，不愿暴露出自己的缺点，也不愿揭短而冒犯别人。在这种场合下，委婉语不失为最恰当的交际语言。

四　掩饰功能

日常生活中约定俗成的委婉话能起极好的润滑作用，而政治生活中的英语委婉语太多的则是在歪曲真相，粉饰太平。在政治、军事、外交等领域，出于不同的重要，如掩盖事实真相、欺骗老百姓、缓和紧张关系等，往往会用上许多委婉动听的词语。严重的失业现象，官方称之为"underutilization"（未充分利用人才）或"human resources underdevelopment"

（人力资源未充分开发）；赤裸裸的"aggression"（侵略）叫作"incursion"（进入）。

五　劝诱功能

使用委婉语进行掩饰的目的是为了使自己的陈词更具说服力。这就赋予了"美化词"另一种特殊交际功能：劝诱功能。广告英语中的"诉诸欲求，诱导效促"手段其中一点就是使用委婉话。委婉语使人心理上产生满足，消除怀疑。劝说顾客改变想法，促使他们购买某种商品或接受某种服务。在这一方面，英汉委婉话也有许多功能相通之处，如化妆品商把"put on grease"（脸上涂油脂"面油"）说成"lubricate the skin – texture"（润滑皮肤组织）；房地产业大规模的商业化，把各种不动产打扮得五光十色，并煞费苦心地发明了委婉动听的语言，于是"back – yards"（后院）变成了"patio"或"sun – traps"，"garden"也比"outside window – box"大不了多少，任何"cramped hovel"（斗室）都能赫然成为"bijou residence"（小巧玲珑的住宅）。可见，委婉话在广告或促销活动中的应用充分利用了其劝诱功能。

六　褒扬功能

委婉话的又一个功能是能起到褒扬的作用，即用中性或褒义的词语或篇章代替含有贬义色彩的词语或篇章。现代人对于职业、社会地位十分敏感，多喜欢用褒扬的委婉语表达一些职业的名称。其中最典型的是把一些社会地位低下，令人瞧不起的职业说得更体面、更高雅、更让人敬重。在美国，"医生"（physician）和"工程师"（envenom）都是较受社会尊重的职业，因而不少委婉词语仿照 – cian 或 engineer 构成。如"擦鞋工"（bootblack）被称为"bootblackitician"（皮鞋染黑师），"女宾理发师"（hairdresser）被称为"beautician"（美容师），"殡仪业人员"（undertaker）被称为"mortician"（丧葬医师，丧葬师），"清洁工"（dustman garbage man）升格为"卫生工程师"（sanitary engineer）。这种现象汉语中也大量存在，如用"代理"替代"买办"，"经纪人"替代"掮客"，"保安"替代"卫守"等等，不一而足。①

---

① 陈黎红：《英汉委婉语比较》，《哈尔滨学院学报》2004 年第 10 期。

第三节　委婉语的翻译

一　翻译原则和策略

首先，保持委婉色彩。原说话者或原作者之所以不直话直说，往往有其独特用意。所以一般情况下，在翻译中要保留其委婉色彩。如果译者轻视甚至忽略原文委婉语的表达意图和效果，而自作主张不加掩盖与修饰地直来直去，就会有意无意间犯忌触讳，从而抹杀了语言背后深刻而鲜明的民族个性，甚至由此误导了读者。

其次，辨别同一委婉语的各种表达方式。同一委婉语往往有几种甚至很多种表达方式，例如"死""大、小便""怀孕"等在英语中就各有百余种用法不一的礼貌说法。这就要求我们不但熟悉常用礼貌语，也要了解非常用礼貌语，否则容易闹笑话。将英语中"公共厕所"的婉称"re-stroom"和"comforstation"错误地理解为"休息室"和"慰问站"，以至于在备有沙发、茶水的外籍教师休息室的门上写上"restroom for foreign faculty"，此类错误在生活中屡见不鲜。

在野外游玩时，如果女朋友对你说"Wait a minute, I want to pick a daisy/ pluck a rose."你如果真的等她给你带来一朵雏菊或玫瑰花的话，那你就大错特错了，因为她说的"to pick a daisy"或"to pick a rose"是"方便"的委婉语。

最后，区分语体、感情色彩。在翻译委婉语时，应注意区分委婉语的不同感情色彩，适用的语体，说话人或所指对象的年龄、性别、身份、教育程度、职业、习惯、题旨、时代、地域、地理环境等。例如："My grandma passed away."应根据其感情色彩译成："我的奶奶去世/ 过世了。"而不能译成具有贬义的"翘辫子""一命呜呼""上西天"等。同时应根据其非正式的语体特点，不能把其译为很正式的"寿终正寝""亡故""仙逝"等。又需根据其年龄，不能译成"香消玉殒""倩女离魂"等。

从以上对汉英委婉语的对比，我们可以看出：委婉语不仅是一种语言现象，更是一种文化现象，不同委婉语代表着不同文化背景，也反映出它所代表的文化和其他文化的差异。而翻译的目的就在于在使用不同语言、有着不同文化背景的人之间架起一座桥梁，帮助他们互相沟通。所以，委婉语的翻译重在把委婉语所承载的文化内涵忠实地传达给读者或听者。由于委婉语一般都具有本义和委婉义，本义是指这个词开始用作委婉语时的意思，是含蓄的说法，而委婉义则是这个词所替代的禁忌内容，是避而不谈的意义。①

二 翻译方法

委婉语的翻译重在把委婉语所承载的文化内涵忠实地传达给读者或听者。由于委婉语一般都具有本义和委婉义，本义是指这个词开始用作委婉语时的意思，是含蓄的说法，而委婉义则是这个词所替代的禁忌内容，是避而不谈的意义。

（一）英语委婉语的译法

1. 译出本义

在汉语里恰好有相对应的委婉语，则以此委婉语译彼委婉语。

①The old man lay taking his rest after a life of bitter hardship. 译文：这位老人含辛茹苦了一辈子，现在安息了。英语"take one's rest"指"die"，而"安息"在汉语里正好也指"死亡"。

②He laid down several enemies. 译文：他撂倒了几个敌人。"撂倒"婉指"杀死"，正如"lay down"婉指"kill"。有时为了达到特定的表达效果，可以原本地将英语中的说法译出，虽然译入语在汉语中并不是普遍认可的委婉语。

③The brochure writers and the publicists talk of the "golden years" and of "senior citizens". But these are euphemisms to ease the con – science of the callous. America tends to make people miserable when they are old and there are not enough phrases in the dictionary to gloss over the ugly reality. 译文：那些小册子的作者们和宣传人员在谈论什么"金色年华"和"高级公民"。但这些都是旨在使那些硬心肠的人良心得到安慰的委婉语。美国社会往往使老年人感到痛苦，而英语词典中却没有足够的委婉语能掩饰住这一丑恶的现实。从"金色年华"、"高级公民"等个别词来看，在汉语中都不是委婉语，不能让人联想到是在婉指"老人"，但在以上的一段话中，根据对上下文的理解，读者能够心领神会。

---

① 张宵：《汉英委婉语对比与翻译策略》，《语文学刊》2009 年第 2 期。

2. 译出委婉义

有时英汉委婉语在内容和形式上差别都很大，无法将原文的语言形式很好地保存下来，只好将委婉语的委婉义直接说明。

① Got a booster for you. The chunky girl in blue at the lace counter. 译文：给你抓到一个小偷，就是站在网眼织品柜旁那个又矮又胖身穿蓝衣服的女孩子。"booster"的本义是"热情的支持者"，如果直译完全曲解了原文意思，因此在这里必须采用委婉义。

②He likes white meat but I prefer dark meat. 译文：他喜欢吃鸡脯，而我喜欢吃鸡腿。汉语里，"黑肉""白肉"的说法令人迷惑不解，译出委婉义更能为读者所接受。

3. 本义和委婉义统统译出

有时仅仅译出委婉义（或本义）还不足以传达原文的内涵，需要加注补出本义（或委婉义），进一步解释说明。

①In the blue grass region, A paradox was born: The corn was full of kernels And the colonel full of corn. 译文：在肯塔基州出现了——一个似是而非的怪现象：玉米上长满粒上校身上也是粒。（注：这首小诗中上校指的是农民。因为美国没有世袭的贵族封号，于是创造了一系列尊称来寻求安慰，"上校"最为常见。本文讽刺了名为"上校"，实为农民的社会现象。）如果将"colonel"译成"上校"而不加注，读者就不能体会该诗的深层含义；如果直接译成"农民"，则令人觉得莫名其妙了。

② "... If don't have a drain of rum, Jim, I'll have the horrors; ... and if I get the horrors, I'm a man that has live rough, and I'll raise Cain..." 译文："……我要是不喝一口朗姆酒，吉姆，什么妖魔鬼怪都会在我眼前出现。……我眼前出现这些可怕的东西时，我就会撒野、造反……"（注：据《圣经·创世纪》记载，该隐（Cain）是人类始祖亚当（Adam）的长子，出于对弟弟亚伯的嫉恨，竟把弟弟杀了。该隐是人类第一个杀亲的罪人。）在委婉语的翻译中，并没有一成不变的译法，需要灵活加以处理。①

（二）委婉语翻译的其他归类方法

1. 直译法

若同一委婉语在英语和汉语中都有能在文化和语义上形成对等的词

---

① 刘璇：《英汉委婉语对比与翻译》，《太原教育学院学报》2004 年 S1 期。

语，我们可尽量采用直译法（literal translation）。

①我看是办理后事的时候了。译：I think it's time to get your affairs in order.

"办理后事"和"get one's affairs in order"分别是汉语和英语中的委婉语，在此可互译。

②据她的经验，她明白了——"这准是去会相好的了！"于是她向道静斜眼一笑，嘴巴对准了她的耳朵："余太太，您这是？——嘻嘻，我明白啦——您也有那个啦？"

"She must be going out to meet a lover", thought the landlady, drawing upon her own experience. With meaningful smile, she whispered, "Mrs. Yu, are you off? —Well, well! I quite understand —So you have someone too."

总之，凡是可直译的委婉语应尽量直译，尽可能保持原文的语言结构和风格神韵，同时必须斟酌推敲，力求达到词义情感褒贬得当、婉曲含蓄相当、语体风格相符。

2. 意译法

若同一委婉语在汉英两种语言中内容和形式上差别很大，无法将原文的语言形式很好地保存下来，我们就应采取意译法，将其委婉意译出。

①"他一开说就把我吓一跳，原来开宗明义讲男女的事儿，我说这是四旧。""Once he started explaining I had quite a shock. It started off with an opening statement that it was all about sex. It's said that it was one of the 'four olds'."

②她决心要为女儿寻找一位乘龙快婿。She made up her mind to find a good husband for her daughter.

英语中没有关于"丈夫"的委婉语，因此将"乘龙快婿"译为"丈夫"。

3. 变通法

若一些委婉语具有特殊的文化特征和语言特征，在原文中作为修辞手法的委婉语被译为目的语时不再有修辞功能，我们需要采用多种方法将其本义和委婉义一起译出。

①哈里用了一脏词。Harry used an Anglo – Saxon word. Anglo – Saxon 在这儿是委婉语。就一般而言，英语中最脏的粗话多源于古英语，因此得名。

②每日家偷狗戏鸡，爬灰的爬灰，养小叔子的养小叔子，我什么不知道？ ... day in and day out scratching in the ashes... （注释：A slang term for adultery between a man and his daughter – in – law. ）"爬灰"指的是翁媳之间的乱伦关系。译文采取加注法，弥补了译语相应词汇空缺带来的问题。

除注释外还有其他的变通方法如补充说明法、解释法，等等。

第六章　歇后语的翻译方法

第一节　歇后语概述

歇后语具有生动形象、诙谐幽默等特点，是人民大众中广为流传、喜闻乐见的一种语言形式。它不仅在社会各阶层口语中广泛使用，而且在古典和现当代文学作品与文章中也随处可见。歇后语作为汉语习语中一种独特的语言形式，不仅充分地展示了汉民族的语言风格。而且在人们交往中有独特效用。由于在其他语言中很难找到与歇后语的结构相应的表达方式，所以歇后语的翻译就成为了一个很值得探讨和研究的过程。

通常情况下，歇后语都是通过比喻这一修辞方式来说明问题的。歇后语一般由前后两个部分构成：前一部分为形象的比喻，称为喻体；后一个部分是对前面的比喻做出解释或说明，揭示前一部分的实质意义，叫作喻义。前后两部分之间存在着一种逻辑上的内在联系，后边部分所做的说明与解释同前边部分的比喻完全一致。

歇后语常用人民大众脑海里最熟悉的动物和人物的形象名词来说明一个道理，这些形象体现了中国人的思维方式和感知。歇后语中使用的人物形象名词，大部分是小说或传说中的人所共知的有名的神话人物、虚构人物和历史人物。例如，张飞（三国时期的名将）、猪八戒（《西游记》里的人物），还有阎罗王（死神）；这些形象中有年轻的、老的、有病的、虚弱的和那些与众不同的形象。如"张飞穿针——大眼瞪小眼""猪八戒照镜子——里外不是人""狗咬吕洞宾——不识好人心"等等。

在语音体系方面，同音异义字广泛地用在歇后语中。正是因为同音异义字所造成的双关意义才能达到最大的幽默效果。同音异义字包括同音异义和同形异义。关于同音异义字，在汉语言中，字符是单音节（单一的字符有一个发音和一个意思），有着少数的音调种类，字符也是非曲折的（动词形式不改变人称和时态，同时，名词无论单复数都保留原形）。这使同音异义字能够广泛用于歇后语中，并达到意味深长的双关效果。因此，许多歇后语看起来好像是同音异义字的口头游戏。但是，同音异义字用在歇后语的归结子句中时，加大了听者的理解难度。如"何仙姑嫁给了姓郑的，郑何氏（正合适）"就是一个很好的例子。

作为一种谚语，歇后语凭着独一无二的句法特征将自己和汉语谚语区别开来。歇后语由两部分组成，基本上只有第一部分（条件从句）说出来而留着第二部分让听者自己领悟。通常，第二部分补充或进一步解释第一部分，因此组成了一个自由的句子结构。这种结构有助于为交谈营造一个轻松从容的氛围。如果将两部分结合起来，可以看出歇后语是一种有点复杂的自由结构，其中主句打头从句跟随，而且通常第一部分比较沉重，第二部分不仅活泼得多且提供了新的信息。自由的句子结构能够营造轻松的氛围，只要让说话的人有更多的时间补充更多的详细资料和信息。有了这个优点，歇后语可以帮助说话人制造紧张和悬念，保留潜在意义一直到最后，或不吭声或接连处暂停一下都会更吸引听众。①

歇后语分为比喻式歇后语与双关式歇后语两类。比喻式歇后语的前面部分是比喻，后半部分是本意，两者在逻辑上的内在联系十分清楚。双关式歇后语分谐意和谐音两种，往往是后面的说明部分一语双关，既有照应比喻部分的意义，又有其他引申意义，即字面意思是对前半部分作解释说明，但其实际意思表达的却是与整个上下文中完全不同的语义。

歇后语的翻译是个复杂而又棘手的问题。我们在翻译歇后语时不仅要了解歇后语的出处和文化内涵，而且还要了解英语的表达习惯，这样歇后语的翻译才能达到"信、达、雅"的境界。同时，歇后语的翻译有助于让世界了解中国文化，了解中国，有利于中国文化的广泛传播。

---

① 胡龙青、胡龙春：《歇后语的语言特点及其翻译》，《池州师专学报》2007 年第 1 期。

第二节　歇后语的翻译策略

一　译文词汇适当偏离

歇后语是中华文化的产物，同时又是体现中华文化的一种形式，所以歇后语中难免会有一些民族特有的形象。其中包含有人名的歇后语是最典型的一类，例如：孔夫子搬家——尽是输（书），三个臭皮匠——顶个诸葛亮。这两例中的"孔夫子"和"诸葛亮"都是中国的历史人物，所以翻译时如果直译人名，难免就会让译文读者摸不着头脑。但是当我们把"孔夫子搬家——尽是输（书）"简单地译为"some - body always lost his games"，把"三个臭皮匠——顶个诸葛亮"套译为"two heads are better than one"，这两个歇后语的内涵意义就传达得非常准确。

比较相对应的中英文，我们发现译文中根本没有"孔夫子"也没有"诸葛亮"，也就是说译文中的词汇与原文中的词汇是不对等的。这种情况在丁是丁卯是卯的科技法律等题材的翻译中绝对不允许，但是在歇后语的翻译中却很常见，主要原因还在于歇后语的翻译首先要求神似而非形似。

二　译文结构务必多样

前文我们已经分析过汉语歇后语的结构特征，它的结构一般是固定的，分为前后两部分，中间由破折号连接。但是它的译文结构就不是如此的有章可循，除直译的歇后语外，采用其他方法翻译的译文结构形式多样。

我们看一些经典的例子："外甥打灯笼——照旧（舅）"译为"the same as before"，"亡羊补牢——为时不晚"译为"it is not too late to mend the fold even after some of the sheep have been lost"，"狗咬吕洞宾——不识好人心"译为"snarl at somebody when he is trying to do my best for you"。

这些译文有的是英语单句，有的是复合句。但是不管它们的句式结构呈现怎样的多样性，只要能淋漓尽致地表达原文内涵就是好的译文。歇后语翻译的这个特点也告诉我们：译者不但要有丰富的文化知识，同时还须具备娴熟的双语转换技能。只有结合语言的使用环境做出最合适的翻译才是最好的翻译。

三　译文内容尽量通俗

歇后语作为我国文化的一种承载形式，具有很大的民族性。在对外交流日益国际化的今天，要想把民族性的东西有效地展现在世人面前，就必须要保持其通俗性，歇后语的翻译也不例外，否则文化的传播只能局限于一个很小的专业范围，国外普通民众将无法领略中华文化的魅力，更不可能产生认同感。

在确保歇后语翻译的通俗性方面，我国的大多译者做得很好，例如："哑巴吃黄连——有苦说不出"译为"Like the dumb man eating the bitter herb：he had to suffer the bitterness of it in silence"，"八仙过海——各显神通"译为"to show each own true worth"，"徐庶入曹营——一言不发"译为"to hold one tongue to begin with"，"十五支吊桶打水——七上八下"译为"as if the sword of Damocles hung over the Japanese sergeant"。

上例中，"黄连"释义为"the bitter herb"，"八仙过海"直接省译，"十五支吊桶打水——七上八下"套译为"as if the sword of Damocles hung over the Japanese sergeant"。不论采取什么样的翻译方式，译者的最终目的就是增加译作的可接受性，在尽可能大的范围内传播中华文化，促进中外文化交流。①

第三节　歇后语的翻译方法

一　直译法——保留比喻形象

有些歇后语的比喻和说明部分都是一般的事物和情理，比喻形象在汉、英两种语言文化中相通。对于此类歇后语，我们可以采用直译法，保留原文歇后语中的比喻形象，顺应源语的语言形式和风格，同时又可使目的语读者在准确理解歇后语含义的同时，充分领略歇后语形象生动的风采，顺应译语读者的阅读期待。例如：

---

① 苏慧琴：《歇后语英译特点分析》，《吉林广播电视大学学报》2010 年第 8 期（总第 104期）。

狗咬耗子——多管闲事

A dog catching mice meddles in cat's business—to poke one's nose into other's business.

兔子尾巴——长不了

The tail of a rabbit can't be long—won't last long.

芝麻照镜子——个人观点

A man with pockmarked face looks in the mirror—personal points of view.

芝麻开花——节节高

A sesame stalk puts forth blossoms notch by notch, higher and higher – rising steadily.

千里送鹅毛——礼轻情意重

To send the feather of a swan one thousand li—the gift in itself may be insignificant, but the good – will is deep.

茶壶里煮饺子——倒不出

Boiling dumplings in a teapot—no way to get them out.

大姑娘坐花轿——头一回

A girl sitting in a bridal sedan chair—the very first time.

泥菩萨过河——自身难保

A clay Buddha crossing a stream—hardly able to save itself.

蚊子叮菩萨——认错人了

A mosquito bits a clay idol—mistaken identity.

小和尚念经——有口无心

An apprentice monk reciting scriptures—saying what one does not mean.

秀才遇见兵——有理说不清

A scholar meeting a warrior—unable to vindicate oneself against an unreasonable opponent.

一根筷子吃藕——挑眼

Eating lily root with one chopstick—picking it up by the holes.

二 意译法——舍弃比喻形象

有些歇后语的比喻部分虽是一般的事物和情理，但其说明部分是汉语所特有的习惯用法。这类歇后语如果按字面意义直译，对外国人来说是不易理解的。因此，我们应采取意译法，舍弃原文歇后语的比喻形象，以顺应目的语的语境和目的语读者的接受能力，实现成功的语言交际，达到翻译的目的。例如：

我试图向他讲解音乐的美妙之处，结果却落得个对牛弹琴——白费劲。

I tried to explain the beauty of the music to him but it was just casting pearls before swine.

这个地区的空气污染仍然是外甥打灯笼——照旧（舅）

The air pollution in this region is still unchanged.

我们校队今年来可是孔夫子搬家——净是输（书）

Our school team has kept losing in the recent years.

杰克无论干什么都是脚踏两只船——三心二意

No matter what he did, Jack used to run after hares.

他必审问我，我给他个"徐庶入曹营"——一言不发

He is sure to ask questions but I'll hold my tongue to begin with.

穷棒子闹翻身，是八仙过海，各显神通

When we pass from the old society to the new one, each of us shows his true worth.

三 直译加注法——附加文化背景

有些歇后语的比喻部分是中国特有的历史文化、神话传说、经典著作、封建迷信等，具有强烈而浓厚的民族特色。若翻译不当，对于不太了解中国文化、历史的外国读者来说，很难激发他们的想象力，更难以使他们准确理解歇后语的真正内涵。因此，为了顺应源语的文化意象，同时帮助译语读者更好地了解源语文化，顺应其文化需求，我们可采用直译加注解的方法来翻译，通过加注解交代文化背景，帮助译语读者了解源语文化，从而正确理解歇后语的含义。例如：

擀面杖吹火——一窍不通

Using a rolling pin to blow a fire totally impenetrable (It is Greek to somebody) .

老鼠钻进风箱里————两头受气

A mouse in a bellows—pressed from both ends (blamed by both sides) .

骑驴看唱本————走着瞧

Reading a book on donkey back—reading while reading (wait and see)

十五只吊桶打水————七上八下

Fifteen buckets to draw water from a well—seven up and eight down (all at sixes and sevens)

周瑜打黄盖————一个愿打一个愿挨

Box on the ear was skillfully given by a Chou Yu and gladly taken by a HuangKai. (A fourteenth century novel based on events which took place in the third century A. D. Chou Yu of the Kingdom Wu had Huang Kai, another of Wu general, cruelly beaten, and then sent him to the enemy camp in order to deceive the enemy.)

四　套用法————转换修辞形象

英语中有些习语的含义与某些汉语双关歇后语含义很相近。在这种情况下，我们可直接套用近义的英语习语来翻译该歇后语，转换原文歇后语中的修辞形象，从而使译文语言能顺应目的语境的需要，使译语读者轻松地理解原文歇后语的寓意。例如：

山中无老虎————猢狲称霸王

When the cat is away, the mice will play.

三个臭皮匠————顶个诸葛亮

Two heads are better than one.

老王卖瓜————自卖自夸

No man cries "stinky fish" .

冰冻三尺————非一日之寒

Rome was not built in a day.

脱裤子放屁————多此一举

To carry coals to Newcastle.

第四节　歇后语翻译过程中应该
注意的几个问题

歇后语的翻译绝不能仅仅着眼于语言形式的转换，更要透过语言表层了解其蕴含的文化内涵，并进行仔细的汉英文化比较，寻找形式和内容之间的平衡点。由此推及其他语言形式的翻译，都不能忽视文化因素在其中的地位。对于这一点翻译界早已达成共识：翻译的功能既是信息交流，也是文化传播。随着科学技术的不断进步和发展，世界范围内的文化交流日益频繁，各民族间的文化越来越多地相互渗透和影响，出现了比以往更多的相通性。但是，各民族文化的差异性是绝对的，反映在语言形式上的不同也是绝对的。

从语言学角度来分析，歇后语的词汇特征、语音体系特征和句法特征等语言特点对汉英翻译都有很大的影响。从修辞和分类来看，歇后语翻译时形象和喻义的矛盾也最为突出，因而翻译歇后语的确是一件比较困难复杂的事。我们只有根据歇后语不同的语言特点来采取合理、正确的翻译方法，才能达到形式和内容的统一。在不同的语境下，采用直译、意义、直译加注、对等翻译和间接翻译等方法，来力求做到"既形似，又神似"，这样才能把歇后语翻译好。

不同的语言因为有同才可以翻译，有异才需要技巧。处于两种文化背景夹缝之中的译者该如何取舍呢？是以译入语还是原语的文化习惯为准绳，是照着字面直译保持原文风貌，还是转换意象采用译入语地道的表达方式？这是每一个译者必须面对的问题，也是翻译界长期以来争论的焦点。

异化和归化这两种翻译的方法之间并无不可调和的矛盾，都是异族语言翻译和文化交流的必不可少的手段，关键是一个"度"的把握。中国读者希望读到原汁原味的外国文学译作，而不是经过译者刻意归化的中国味十足的译作。这一调查结果同样可以适用于英语译作的读者，讲出了大多数译作读者的心声：他们之所以读译作，其目的之一就是要通过译作领略异族的文化。而翻译工作者首先要做的是以译作读者为服务中心，在译作中努力地保持原作的面目，将全新的语言成分和新颖别致的表达方式引入译入语，推进两种异质文化的和语言的相互交流与渗透。①

① 杨晖：《汉语歇后语中蕴涵的文化及其翻译初探》，《中国校外教育》2008 年第 9 期。

第七章　谚语的翻译方法

第一节　谚语概述

　　谚语是习语的一个部分。谚语通常以简洁、凝练、通俗而形象的语言表达一种普遍的真理和智慧，反映人民群众的生产和生活经验，往往具有诲人、劝诫的作用。谚语是民族语言文化的精华，蕴涵着丰富的文化内涵。谚语的特征可从其形式、语义、功能和文化几个方面概括为四点：①有明显的形式特征：短小、生动、上口、形象等；②读者和听众须领会其抽象含义；③语用功能意图明确：规劝、鼓励或抑制；④喻体形象，带有鲜明的文化和地域特色。

一　汉语谚语的主要来源

（一）来源于普通大众的日常言语

　　大多数汉语谚语都是由各行各业的人们集体创作的。中国是一个农业大国，相当数量的谚语都同耕作、饲养、天气、季节以及许多在农民中广泛流传的事物相关。

（二）来源于文学作品和其他形式的古典作品

　　许多汉语谚语应该归功于文人，他们不仅创造了新的谚语，更重要的是帮助保存、修饰和推广了老的谚语。在中国历史上，唐朝和宋朝是诗歌和散文发展的黄金时期。对于许多中国人来说，教育是从背诵这些文学作品开始的，因此，它们深深地影响了国人，许多著名的诗句就自动地成为汉语谚语的一部分。除了诗歌之外，其他形式的文学作品，如小说和散文，也是汉语谚语的主要来源。中国四大名著《三国演义》、《水浒传》、《红楼梦》和《西游记》，它们不仅具有极高的文学价值，也是最受中国人喜爱的。人们对四本名著中所讲述的故事耳熟能详，它们为汉语谚语提供了一个宝库。

（三）来源于其他语言

一些汉语谚语借自其他语言，特别是居住在中国的少数民族的语言，但它们的数量相对来说要少得多。

二 谚语的分类

（一）反映宗教思想、信仰的谚语

宗教信仰是人们精神活动的一个方面，对民族文化有一定的影响。中国人信仰佛教、道教、儒教，直到儒佛道三教合一。例如："平时不烧香，临时抱佛脚。""善有善报，恶有恶报。勿以恶小而为之，勿以善小而不为。""慈悲为本，方便为门。""虚心使人进步，骄傲使人落后。"

（二）反映价值观、人文主义思想的谚语

中国人的隐私观念不强，中国人比较崇尚集体主义价值观。它体现为倡导人与人之间的互助友爱和团结合作关系，是两千多年来中国封建社会结构所形成的产物。如："一个篱笆三个桩，一个好汉三个帮"、"众人拾柴火焰高"、"独木不成林，单丝难成缕"，体现的就是一种典型的集体力量。人们比较注重对浓浓亲情和友情的回报，强调彼此之间的情义和义务。谚语"一日为师，终身为父"是中国传统的师生关系的体现；"谁言寸草心，报得三春晖"，体现了报答母亲养育之恩的拳拳之心；"士为知己者死"，体现了朋友之间的肝胆义气和自然形成的责任意识。在个人与集体之间的关系上，主张"个人服从集体，小家服从国家"，因此有了诸如"先天下之忧而忧，后天下之乐而乐"等崇高的集体主义思想。

（三）反映民族传统文化的谚语

汉语谚语很多来自古书典故、神话传说、寓言故事，具有鲜明的民族特点。例如："姜太公钓鱼，愿者上钩。"（《武王伐纣平话》）中国东邻大海，也有很长的海岸线，但古代的航海业比较落后，因此与航海有关的谚语比较少，但与海洋有关的谚语也有不少，例如："海内存知己，天涯若比邻"。有些谚语的产生与该民族生活的地理环境、生活经验、山川物产等密切相关。汉语中有很多关于农时的谚语。如："春分有雨家家忙"。"过了寒露无生田"。汉语中还有很多关于土壤、肥料、水分等自然条件与农林牧渔作业的谚语。如："浅水插秧，寸水返青。"汉语中也有很多关于气象的谚语。如："风是雨的脚，风止雨就落。"

第二节　谚语翻译的原则

在翻译谚语中应遵循的四条原则。即语义等值原则、保留文化原则、用语选词原则和美学原则。

一　语义等值原则

语义尽量接近对等，不增不减、不错位、不产生歧义。忠实于原文，这是每一个译者在译任何一种文体时所必须遵循的第一条原则，翻译谚语也不例外。但在谚语翻译的实践中，翻译家们一般在理解无误的前提下，在表达中，不可能使译文语义与原文语义信息度完全对等。在翻译中有时语义值虽难以绝对全等，但应尽量接近原文语义值。

二　保留文化原则

保留民族文化词语，体现出原文字表面没有谚语深层义中所蕴藏的丰富的民族文化内涵和民族文化背景。谚语的文化义原则，人们一般归属于语义原则之内，没有特别独立出来，但那样归属，人们在翻译时常常忽视翻译出谚语的民族文化内涵，认为译出等值语义就行了，因而在实践中丧失或扭曲谚语的民族文化内涵的译文为数不少，即便是一些大翻译家也难免例外。原文谚语中的隐形民族文化背景必须增补词语翻译出来，否则译文读者很难理解谚语的深层文化内涵而在实践中这一点往往被忽略。谚语中的"民族文化"一词，尤其是在正式书面语翻译中不能舍去和替换，舍去了就是丢弃了民族文化义，替换了就是扭曲或篡改了民族文化内涵。

三　用语选词原则

要用词精练、贴切，语用得体、规范，合乎译文习惯。首先，选词要贴切，词语搭配要得当，使语义清晰，不蹩脚，不照字面义死译，否则不仅语句不顺畅，还有可能影响语义。其次，语言要精练，熟语化。还要注意语言要得体、工整、流畅。

四　美学原则

谚语的译文要力争达到语言声韵音律美，词语和谐对称美，语法工整整齐美，风格神韵形象美。谚语不但属于语言学的词汇学范畴，更属于文学的民间文学范畴，所以，它就有文学的美感在其中。文学翻译既是一种创造性活动，翻译谚语时就必然要把原文的美感创造性地在译文中体现出来。在语言声音韵律美和风格神韵形象美这两点上，译文有时难以原原本本地体现原文的全部美感，但可用不同艺术手段来表现，甚至可超过原文，可以把译文用不同于原文的奇特的表达方式和美感作用进行积极的创作。

谚语的语言形式美可分三个层次：语音音律美、词语对称美、语法工整美。就谚语对译而言，语音音律美主要指汉语中的双声词、叠韵词、叠音词。词语对称美主要指同义词、反义词、多义词、同音词在翻译中的对应选择。语法工整美主要指翻译谚语时各自按其语言的词法、句法、结构格式、表达习惯，尽可能完美地、工整地再现整体艺术效果。谚语的风格神韵形象美具有强烈的民族个性，要再现这一点，需要进行诗人般更艰苦复杂的再创作。①

第三节 谚语翻译的方法

一 直译法

直译是指在不违背译文语言规范的条件下既保持原文内容，又保持原文形式的翻译方法。直译能够较好地保留原文的民族色彩和语言风格。采用这种翻译方法既能保留原文的字词，又能保证其内容未被改变。用这种方法翻译的谚语其特点是字面意思表达较直接，往往是用最直接的比喻或最有特色的民族、地方等色彩来表达意义。大家在读英语谚语时，常常为其深刻的思想内容所吸引，同时为其新颖的表现手法而拍案叫绝，用这种方法翻译的谚语，可以保留最直接的比喻或最有特色的民族、地方等色彩，使翻译更准确、生动。按原意翻译谚语，不是逐字死译，必须要考虑英语谚语本身的各种修辞特点和结构特点，在忠实于原文的前提下，仔细推敲词句酌情增减词语，使译出的句子仍保留其原有谚语的风采。例如：

发光的并不都是金子：All is not gold that glitters.

良好的开端是成功的一半：Well begun is half done.

一只耳朵进，一只耳朵出：Go in at one ear and out at the other.

---

① 王德怀：《翻译谚语的四项原则》，《语言与翻译》2000 年第 3 期。

有其父，必有其子：Like father, like son.

失败是成功之母：Failure is the mother of success.

城门失火殃及池鱼：A fire on the city wall brings disaster to the fish in the moat.

叫的狗很少咬人：Barking dogs seldom bite.

眼见为实：Seeing is believing.

无风不起浪：Here is no smoke without fire.

血浓于水：The blood is thicker than water.

有钱能使鬼推磨：A golden key open every door.

勿摆架子：Don't ride the high horse.

有话直说：Call a spade a spade.

二　意译法

意译就是指脱离原谚语形象，语法意义，但又充分体现原文的意义。有些英谚的表达方式因含有英语语言国家所特有的历史典故、文化背景，如果直译，则译文可能会牵强附会，也不易为中国读者所理解。因此在通常情况下舍弃原语的表达形式，采用意译，则可避免在某些情况下因直译而引起的拖泥带水，造成误解等弊病。这部分谚语一般没有很强的比喻，或者根本没有比喻，我们就没有必要去追求原文的形式了。硬是直译反而会使读者不知所云，或使译文牵强附会。这时意译能够帮助译文读者更好地理解原文。例如：

强中自有强中手：Diamond cut diamond.

冰冻三尺，非一日之寒：Rome was not built in a day.

不要脚踩两只船：A door must be either shut or open.

不要班门弄斧：Never offer to teach fish to swim.

凡人都有短处：Every bean has its black.

不辞而别：Take French leave.

杀鸡用牛刀：Break a butterfly on the wheel.

天有不测风云：Anything unexpected may happen.

塞翁失马，焉知非福：A loss may turn out to be a gain.

三 套译法

有些谚语在不同语言中其内容和形式都比较符合，既对某一具体问题的思维方式和结果，以及具体的表达形式常会不谋而合。二者不但有相同的意义和隐义，而且还有相同的或大体相同的形象和比喻，或相同的说理方式。例如：

隔墙有耳：Wall has ears.

棋逢对手：Diamond cut diamond.

有其父必有其子：Like father, like son.

惺惺相惜：Like knows like.

一次被火烧，二次避火苗：A burnt child dreads the fire.

龙生龙凤生凤：Like begets like.

渔翁得利：When shepherds quarrel, the wolf has a winning game.

四 直译加意译法

在翻译英语谚语时，有时一些单纯的直译使读者不能理解其含义，而意译也不能确切地表达原来谚语的含义。这时可采用直译、意译相结合的方法进行翻译，以弥补直译难达意，意译难传神的不足。译文可直译其字面意义，再点出隐含意义，使译文形象生动，以期收到画龙点睛的效果。在英汉谚语的翻译中有一些独立民族特征的谚语，若简单地采用直译，译文很难达到原文的含义，难以理解；如果用意译，有可能使原文的形象失真。若用直译加注，翻译时附加画龙点睛作用的词语，点出谚语的寓意，就会获得两全其美的效果。例如：

盲人瞎马：A blind man on a blind horse—rush head long to disaster.

黄鼠狼给鸡拜年：The weasel goes to pay his respects to the hen—no with the best intentions.

一个和尚挑水喝，两个和尚抬水喝，三个和尚没水喝：One monk, two buckets; two monks, one bucket; three monks, no bucket, no water—more hands, less work done.

别去自找麻烦：Don't meet trouble half - way.

人各有所好：One man's meat is another man's poison.

机会多得很: There are as good fish in the sea as ever came of it.

世上无十全十美的人和事: There's no garden without weeds.

巧妇难为无米之炊: What is workman without tools.

沧海一粟, 九牛一毛: A drop in the ocean.

孤掌难鸣: It takes two to make a quarrel.

山中无老虎, 猴子称霸王: Among the blind the one – eyed man is king.

也可译为 When the Cat's away, the mice will play.

五 分译法

分译法指把汉语中完整的句子分成两句话来翻译的方法。例如:

有情人皆成眷属: All shall be well, Jack have Jill.

有志者事竟成: Where there is a will, there is a way.

六 合译法

合译指的是把一个复合句或合并句结构的谚语用完整的英语句子复述出来。例如:

与其忍辱偷生, 不如光荣而死: Better a glorious death than a shameful life.

哪怕有一点, 也总比全部落空好: A bit in the morning is better than nothing all day.

欲加之罪, 何患无辞: It is easy to find a stick to beat a dog.

允诺宜缓, 履行宜速: Be slow to promise and quick to perform.

只要功夫深, 铁杵磨成针: With time and patience the leaf of the mulberry becomes satin.

七 数字谚语的翻译方法

(一) 含"三"的谚语

汉字"三"比喻"数量多或次数多", 它的比喻义是汉语文化特有的, 英语的数字 three 无此比喻。汉语谚语中的"三"的喻义在英语中造成文化空缺, 使译文和原文两者之间表达失衡。例如:

三句话不离本行：Talk shop all the time.

三思而后行：Think before you leap.

一日不见如隔三秋：Absence makes the heart grow fonder.

一问三不知：Saying "I don't know" to every question.

三天打鱼，两天晒网：Blow hot and cold.

一熟三分巧：Practice makes perfect.

（二）含"十"的谚语

汉语谚语中"十"也有着丰富的文化意义，比喻"达到顶点，足够多，全部"的状态和程度，而英语的 ten 不含什么比喻义，通常只表示数字"10"。例如：

十年寒窗：Study hard and long; grind away at studies.

与君一夕谈，胜读十年书：Talking to him about anything is better than reading three books.

君子报仇，十年未晚：Revenge is a dish that could be eaten cold.

十目所视，十手所指：All eyes see it and all fingers point to it – useless to hide.

瓜无滚圆，人无十全：No melon is completely round, and no person is perfect.

（三）含"一"的谚语

汉语中有大量带"一"的谚语。数字谚语中的"一"可分为两类：第一类是实义数字，第二类是比喻，表达"仅仅，丝毫"之意。当汉语谚语中的"一"表达的是实义数字时，我们就把"一"翻译成 one 或 a；当"一"表示比喻义时，我们就得灵活选词，力求传达谚语的真正含义。例如：

一寸光阴一寸金：Time is money.

聪明一世，糊涂一时：No man is wise at all times.

一失足成千古恨：Old sin makes new shame.

吃一堑，长一智：Chalk it up to experience.

一不做，二不休：Carry the thing through.

一言既出，驷马难追：What is said can't be unsaid/mean what one says.

一传十，十传百：To spread far and wide；to travel fast.

一分耕耘，一分收获：No pains, no gains.

魔高一尺，道高一丈：Virtue dwarfs vice.

百闻不如一见：Seeing is believing.

第四节　谚语翻译过程中需要注意的问题

一　切忌望文生义

一般来说，谚语是浅显易懂的，这一特点使我们在翻译时容易望文生义，而忽视谚语本身所具有的深刻内涵。谚语内容丰富，含义深刻，常常需要认真推敲，才能弄明白其深刻内涵。而望文生义常会失去谚语的语言特色和民族语言的特点，译文貌合神离，难以表达原文所具有的思想。

例如："Fine feathers make fine birds."这条谚语一般仅理解为"佛要金装，人要衣裳"，但这条谚语却有着更深的含义。"Said of an overdressed person, who does not really up to his or her clothes"，即"指那些长得并不漂亮，而过分打扮的人"，含有讽刺韵味，可译为"好的衣裳只能打扮出好的外表。"另一个精彩的例子是"Give a dog a bad name and hang him"从字面上看，一般人会译为"给一只狗一个坏名声，然后勒死它"。有的词典把这条谚语译作"欲加之罪，何患无辞"；这些都是望文生义的结果，事实上这条谚语的实际含义为："Give a person a bad reputation, slander him, and the bad reputation will remain"，即"人一旦有了坏名声，他永远也洗不清"。

二　注意多采用口语

谚语来自人民的日常生活，是人民群众口头创作的喜闻乐见的艺术形式。因此口语化是谚语的一个鲜明特点，在谚语翻译过程中，我们要体现翻译的"俗"而不是"雅"，即把谚语翻译成符合群众口头语言的文学形式。译文不应该是文绉绉的，语体应更接近日常口语。

例如："Waste not, want not"。就不应该翻译成"俭以防匮"，而应译为"不浪费，不愁缺"。再如："A good beginning is half done" 就不能译作"能善其始，事以成半"，而应译作"良好的开端是成功的一半"。当然并非所有的谚语都要保持其"俗"，有的谚语出自《圣经》典故，或具有时代特色，或与一定人物或地点相关联，或具有一定的文化根基，这些谚语只能保留其"雅"的特点。例如："Do as you would be done by"，应译为"己所不欲，勿施于人"。

三　注意保持民族特点

任何民族的谚语都具有民族特点，都与该民族特定的历史、经济、文化、风俗习惯和地理环境等方面相关联。因此，千万不要用充满本国民族色彩的谚语去套译原文，也就是说不能用包含中国地名或人名的汉语去套译英语谚语，也不能让西方的地名或人名出现在汉语谚语的英文译文中。目前，有些谚语的翻译失去了其民族性，片面追求所谓的"顺"和"地道"，因此译文常常具有本民族文化的特点或保留了原文的地名或人名，使译文的读者不知所云。

例如："beauty lies in lover's eyes." 不应该译为"情人眼里出西施"，而应译为"情人眼里出美人"。再如："Don't cross the bridge until you come to it"，不应该译为"不要杞人忧天"，而应译为"船到桥头自然直"。

四　注意艺术性表达

翻译谚语时用词要简练，要注意上下句的对仗。在翻译过程中不但要忠实地表达原文的思想内容，还要尽可能地保留原文的语言风格和比喻意义，以及原文的修辞效果。中外谚语的语言一般都具有凝练、简洁、明快、易懂、结构严谨、韵律优美和谐的特点。因此，译文要充分体现谚语的这些特点。例如："Grasp all, lose all." 应译为"样样都要，全部失掉"。"Who has never tasted bitter, know not what is sweet." 应译为"不尝黄连苦，怎知蜂蜜甜。"①

---

① 金天杰、李志红：《浅议谚语翻译》，《承德医学院学报》2006 年第 3 期。

第八章　叠词的翻译方法

第一节　叠词概述

一　叠词的定义

叠词（Reduplication）又称叠字、迭字、重叠词、叠音词或称叠音，是指相同的词、词素或音节重叠使用。叠词是语言常见的修辞手段，是体现语言韵律美、形象美、修辞美的典型艺术手法。许多语言都有或多或少的重叠现象，但远不如汉语那样普遍。汉语大多数词类都会有重叠形式。①

汉语和英语都有使用叠词的习惯，有许多叠词词汇。Longman Dictionary of Language Teaching and Applied Linguistics 将叠词定义为 repetition of syllable，a morpheme or a word。汉语对叠词的定义是由重叠法所构成的词，它指的是两个或两个以上意义和形态相同或相似成分重叠而构成的新词。

《说文解字》把叠音词的作用概括为"写气图貌"和"属采附声"两种。"写气图貌"指的是叠音词在描绘事物形象方面的作用；"属采附声"指的是叠音词在安排音律方面的作用。叠词既可以形象地勾勒出事物的形，写实传神，又可以描摹声音，增加语言的音律美，舒展文意，表达不同的语气，突出数量、程度和感情色彩。

二　叠词的功能

具体来讲，叠词具有以下功能：

---

① 于连江：《汉英叠词对比及翻译研究》，《齐齐哈尔大学学报》（哲学社会科学版）2004年第11期。

（一）加强乐感

由于叠词在语音上的重复，使得它阅读起来朗朗上口，韵律性非常强。这种现象多为拟声词，在诗歌中运用颇为广泛。叠词能够形象地把作者所要描述的景象展现在读者眼前，使读者身临其境。

（二）表达情感

做出个人主观评价这种评价既可以是积极的，也可以是消极的；既可以是褒义的，也可以是贬义的；既可以是鲜明的，也可以是隐晦的。反映不同的感情色彩。

（三）用来表示数量之多、程度之深

汉语和英语都常用词的重叠来描述数量之多、程度之深这类词多为数量词或表示某一性质特征的名词。

（四）用来表示夸张或产生语气变化

语气可能变强，也可能变弱，视具体情况而定。①

三　叠词的类型

叠词是汉语的一种特殊词汇现象，使用非常普遍。汉语的名词、数词、量词、形容词、副词、动词以及象声词都有重叠变化，其主要的形态格式有以下 14 类。

1. AA 型：想想、年年、蓝蓝、人人；

2. AAB 型：洗洗脸、梳梳头、刷刷牙、练练字；

3. ABB 型：热烘烘、光溜溜、笑眯眯、亮堂堂；

4. AABB 型：白白胖胖、影影绰绰、林林总总、恭恭敬敬；

5. ABAB 型：认识认识、搜索搜索、活动活动、潇洒潇洒；

6. A 一 A 型：学一学、聊一聊、瞧一瞧、找一找；

7. A 了（一）A 型：唱了唱、看了看、讲了讲、亲了亲、唱了一唱、看了一看、讲了一讲、想了一想；

8. A 呀/啊 A 型：笑呀笑、跳呀跳、打呀打、跑呀跑；

9. A 着 A 着型：听着听着、找着找着、说着说着、读着读着；

10. A 里 AB 型：怪里怪气、俗里俗气、糊里糊涂、啰里啰唆；

11. AABC 型：津津有味、振振有词、扬扬得意、楚楚动人；

---

① 李庆照、陈典港：《汉英叠词用法研究》，《安徽农业大学学报》（社会科学版）2005 年第 11 期。

12. BCAA 型：野心勃勃、波涛滚滚、衣冠楚楚、风尘仆仆；

13. ABAC 型：一唱一和、诚惶诚恐、恶声恶气、一点一滴；

14. A 都 A 不型：吃都吃不（饱）、穿都穿不（暖）、难都难不（住）。①

第二节　叠词的翻译方法

一　增词法

按照英语的表达习惯，在叠词翻译过程中采用英语的一些常用词组，或者增加一些常用的词汇，使得英语译文更地道、易懂。例如：

①件件衣服都很漂亮。

All of these suits of clothes are beautiful.

②绿化祖国，人人有责。

It's everybody's duty to make our motherland green.

③这些战士个个都是好样的。

Each and every one of these soldiers has proved his mettle.

④保家卫国，人人有责。

It is everyone's duty to protect our motherland.

⑤不要斤斤计较。

Do not haggle over every ounce.

⑥念桥边红药，年年知为谁生。

For whom the red peonies by the bridges Bloom every spring? Who knows?

⑦地里的活儿她样样都会。

She knows how to do every kind of farm work.

⑧谁知盘中餐，粒粒皆辛苦。

Who knows that every grain in the bowl is the fruit of so much pain and toil?

⑨军书十二卷，卷卷有爷名。

---

① 刘红珍：《汉语叠词的英译》，《安徽广播电视大学学报》2002 年第 4 期。

The roster consists of many muster rolls, and every roll has father's name on it.

⑩他们的战术是步步为营、稳扎稳打。

Their tactics is to go ahead steadily and entrench themselves at every step, and then strike sure blows.

⑪媒人下床去，诺诺复尔尔。

When he heard this, the official go between agreed to everything the brother asked.

⑫家家养子学耕织，输与官家事夷狄。

Each household brings up its children to farm and weave, But officials present the fruits to the barbarians.

二　反复法

把汉语叠词中的核心字在英语译文中采用连续、反复的表现方法，来再现叠词的语言功能。例如：

①洪水慢慢地退了。

Little by little the flood water receded.

②盈盈楼上女，皎皎当创墉。

Bloom of bloom, the girl up in the tower.

A ball of brightness at the window sill.

③他读啊读，读了整整一天，终于把这本书读完了。

He read and read, and finally got the book through after a whole day.

④行行过太行，迢迢赴延安。细细问故旧，星星数鬓斑。

On and on post Taihang we walk.

By and by to Yanan we make our way.

Again and again with old friends we talk.

One by one we count our hairs gray.

⑤街上除了他们沉重的军用靴子的"嗵嗵"声外，一切都是静悄悄的。

The streets were silent except for the clop – clop of their heavy military boots.

⑥新帖绣罗襦，双双金鹧鸪。

Her new silk gown, embroidered rare.

Shows golden cuckoos pair by pair.

⑦农民犁田只能一块一块地犁。

Peasants can only plough the land plot by plot.

⑧唧唧复唧唧，木兰当户织。

One sigh after another.

Mulan sat opposite the door weaving.

⑨一天一天、一年一年，他们顽强地生活和战斗在荒山野林里。

Day after day and year after year, they fought and lived stubbornly in the wild mountains and forests.

⑩迢迢牵牛星，皎皎河汉女。

Far, far away the Cowherd.

Fair, fair the weaving Maid.

⑪要么就一点也不相信我，要么就完完全全相信我。

And trust me not at all or all in all.

⑫青青子衿，悠悠我心。

Blue, blue the scholar's robe.

Long, long for him I ache.

⑬我们有许许多多有趣的游戏。

We have many, many interesting games.

⑭暖暖远山村，依依墟里烟。

Dim, dim in the distance, Faintly, faintly lies the village.

You see the smoke of its chimneys.

⑮走呀走，走了很久，孩子们才走到目的地。

The children walked on and on. It was after a long walk that they arrived at the destination.

⑯医生仔仔细细给病人做了检查。

The doctor examined the patient very, very carefully.

三 拟声法

在英语译文中采用直接或者间接模拟声音的用词方法来表达叠词的意

境。例如：

①曲曲折折的荷塘上面，弥望的是田田的叶子。

All over this zigzag stretch of water what meets the eye is a silken field of leaves.

②柔条纷冉冉，叶落何翩翩！

The tender twigs rustle.

The leaves fall one by one.

③爱情在他们心里扑扑地跳。

Love pit – a – patted in their hearts.

④对潇潇暮雨洒江天，一番洗清秋。

I face the pattering rain in the evening sky over the river.

It refreshes the cool autumn at one sweep.

⑤她是那么圆滚滚、矮墩墩的，我感到奇怪她怎么能动作迅速地捉到小鸟。

She was so round and roly – poly, I used to wonder how she ever moved fast enough to catch hold of a bird.

⑥十指不沾泥，鳞鳞居大厦。

Their ten fingers are not stained with mud,

but they occupy mansion covered with chock – a – block tiles.

⑦表演场地上让比赛车塞得满满的。

Exhibition floors were chock – a – block with racing and sports cars.

⑧纤纤耀素手，札札弄机杼。

Nimbly move her slender white fingers.

Click – clack goes her weaving loom.

⑨我们要求把事情完全摆在桌面上，而不是鬼鬼祟祟。

We wanted things to be completely above board and no hanky – panky.

⑩山无棱，江水为竭，冬雷震震，夏雨雪。

Till mountains crumble, streams run dry.

Thunder rumbles in winter snow falls in summer.

⑪我们不得不零零星星地偿付。

We have to pay in dribs and drabs.

⑫帘外雨潺潺，春意阑珊，罗绡不耐五更寒。

Without the blink the rain is pattering.

Last intimation of the spring.

These gauzy cover lets too little warmth at midnight bring.

⑬新妇车在后，隐隐何甸甸。

On the rough road her carriage pitched and shook.

The wheel – rims clattered and the axe creaked.

四　复数法

在英语译文中用复数的形式来表达汉语叠词中的单数字，达到充分表意的目的。例如：

①学生们三三两两地坐在教室里。

The students took their seats in the classroom by twos and threes.

②不见复关，泣涕涟涟。

And when you did not come my tears fell in floods.

③一群一群的人蜂拥而进大厅。

Crowds of people swarmed into the hall.

④枝枝相覆盖，叶叶相交通。

Like loving arms the branches interweave.

And lovingly the leaves and sprays caress.

⑤山林炊烟缕缕上升。

Wisps of smoke rose continuously from the mountain village chimneys.

⑥物物各自异，种种在其中。

Things, some of them I had a fancy for.

Though now neglected and untouched they lie.

⑦成群成群的蝗虫毁灭了大片大片的稻田庄稼。

Hordes of locusts ruined the crops in tracts of rice field.

⑧大批大批的物资被立即送往地震灾区。

Thousands of goods and materials are immediately sent to the earthquake – stricken area.

⑨莫似春风，不管盈盈，早与安排金屋。

Oh don't be as apathetic as the spring wind.

Towards the beaming flowers!

You should cherish them as you.

Cherish a beauty in a golden nest.

⑩假日里，青年人双双对对漫步在公园内。

The young people in pairs and couples rambled about the park on holidays.

五　语韵法

将汉语叠词中声音重复的字用英语中的头韵、叠韵和押韵等形式予以翻译，有异曲同工的效果。例如：

①祝大家平平安安。

Wish all of you safe and sound.

②两家生活都被弄得颠颠倒倒，混乱不堪。

The lives of two families are turned topsy – turvy.

③娥娥红粉妆，纤纤出素手。

A flash of fairness in her rouged face.

Slender she put forth a slender white hand.

④青青河畔草，郁郁园中柳。

Green brows the grass upon the bank.

The willow – shoots are long and lank.

⑤寻寻觅觅，冷冷清清，凄凄惨惨戚戚。

So dim, so dark, so dense, so dull, so damp, so dank and so dead.

⑥我们听到雨夹雪打在冰冻的玻璃窗上的滴滴答答的声音。

We heard the tick – tack of sleet on frosted windowpanes.

⑦嘈嘈切切错杂弹，大珠小珠落玉盘。

Wailing and whispering interweave.

Like pearls large and small cascading on a plate of jade.

⑧现在我的衣服干干净净，但过去我父亲却穿得破破烂烂。

My clothes are neat and clean, but my father's were worn and torn.

⑨罗衣何飘飘，轻裾随风还。

In the breeze her silk blouse flutters.

And her light skirt flows.

⑩斜晖脉脉水悠悠，肠断白洲。

The setting sun in twilight glows.

The tranquil river rippling flows.

Beside the isle, no sight of him.

She gazes at the duckweed white.

六　同义法

用英语中与汉语叠词意义相通或者结构相同的词句来进行翻译，类似于套用。例如：

①数着数着，两只兔子快到对岸了。

As they counted (the turtles) the two rabbits found themselves quite near the other side of the river.

②他们听着听着不觉哈哈大笑起来。

As they listened they burst into laughter.

③鸡鸣入机织，夜夜不得息。

She started weaving at the dawn of day.

④我们的事情太多了，做都做不完。

There are too many things for me to attend to.

⑤寸寸柔肠，盈盈粉泪。

She is broken – hearted.

With tears on her powdered cheeks.

⑤他思绪滚滚，早已忘却约会一事。

He had been so busy with her own emotion that he had forgotten about the appointment.

⑥从人四五百，郁郁登郡门。

The welcoming cortege five hundred strong.

Would gladden all eyes as it passed along.

⑦他很听话，我们的话句句听。

He was very obedient and always did as we told him.

⑧江水碧，蜀山青，圣主朝朝暮暮情。

Though the rivers were deep green.

And the Sichuan mountains green.

Night and day the emperor mourned.

⑨我们应扎扎实实地把这个问题解决好。

We must work in a down – to – earth way.

Worked at the loom until the midnight.

七 语境法

根据汉语叠词产生的语境，判断其使用的最佳意象，然后选择英文中最相称的词来进行翻译，做到恰如其分。例如：

①路上的行人渐渐少了。

The number of pedestrians gradually dwindled.

②万帐弯庐人醉，星影摇摇欲坠。

The vast encampment is locked in drunken slum.

The stars whirl and whirl as if to crash to earth.

③我万万没有想到。

This idea never occurred to me.

④是处红衰翠减，苒苒物华休。

All the red flowers and green leaves have faded.

Gradually the regaling views of nature die out.

⑤离愁渐远渐无穷，迢迢不断如春水。

Far he wanders his grief great at parting.

Like a long river in spring time flowing endlessly.

⑥念去去千里烟波，暮霭沉沉楚天阔。

Ahead lies a journey a thousand misty waves.

And the vast sky of Chu hangs with heavy evening haze.

⑦他们的房间暖烘烘的。

Their room was good and warm.

⑧那是万万不行的。

That's absolutely out of the question.

⑨举手长劳劳，二情同依依。

At length in tears the loving couple parted.

At lengthening distance left them broken – hearted.

⑩星星之火，可以燎原。

A single spark can start a prairie fire.

⑪树荫底下凉凉爽爽。

It was nice and cool under the shade of a tree .

⑫众人徒嗷嗷，安知彼所观。

In vain people make suggestions, ignorant of her ideal.

⑬科学是老老实实的学问，来不得半点虚假，需要付出艰巨的劳动。

Science means honest, solid knowledge, allowing not an iota of false – hood, and it involves herculean efforts and grueling toil.

⑭对待同志要满腔热忱，不能冷冷清清，漠不关心。

We should be warm towards our comrades, not ice cold and indifferent.

⑮元嘉草草，封狼居胥，赢得仓皇北顾。

In the days of Yuanjia.

Hasty preparations were made to march to the Langjuxu Mountains.

But the men of Song were routed from the north.

⑯土豪劣绅的小姐少奶奶的牙床上，也可以上去滚一滚。

They even roll for a minute or two on the ivory – inlaid beds.

⑰总角之宴，言笑晏晏，信誓旦旦，不思其反。

How happy we were, our hair in tufts.

How fondly we talked and laughed.

How solemnly we swore to be true!

⑱鲜艳的五星红旗徐徐升起。

The bright Five – Star Red Flag slowly went up the pole.

⑲漠漠轻寒上小楼，晓阴无赖似穷秋。

Ascending the small pavilion in the light chill mist.

Clouds at daybreak, like a weary autumn day.

⑳家乡的景物处处使人想起了往事，许多往事可以追溯到幼年时代。

The hometown was full of reminiscence, many going back to early child-hood.

㉑慈母手中线，游子身上衣。临行密密缝，意恐迟迟归。

Thread from the hands of a doting mother.

Worked into the clothes of a far – off journeying son.

Before his departure, were the close, fine stitches set.

Lest haply his return be long delayed.

㉒河水清且浅，相去复几许！盈盈一水间，脉脉不得语。

Clear and shallow the Milky way.

They are not far apart.

But the stream brims always between.

And gazing at each other, they cannot speak.

㉓荒草何茫茫，白杨亦萧萧。严霜九月中，送我出远郊。

Lonely the vast expanse of withered grass.

Whispering, signing the white poplar leaves!

There's bitter frost now in this autumn month.

When they've brought me here out of the town so far.

第九章　数词的翻译方法

第一节　数词概述

《牛津高阶英汉双解词典》对此定义为，数词"是一个词、一个数字或一个符号，表示一定的金额或数量"。数词在语言中是一个重要的组成部分，具有提供信息的功能。数词的功能首先就是用来表达一定的数量或者是作为排列顺序的标志。在科学的领域，数字可以用以表达精确的测量和计算。然而，随着人们对数词的使用越加深入以及历史、文化、宗教、传说及习俗对其的影响，数字被赋予了一种神秘的文化色彩。因此数字既可以被看作一种语言，也可以作为一种思考或者交流的工具。

随着社会和科学的发展，数词的翻译已经取得了很大的进步。有许多论文对数词的翻译作了研究，并且在这方面取得了很大的成功。对中英文中数词的分析和翻译可以帮助学习者了解文化的差异，增加文化知识并且减少在不同语言之间的沟通障碍。

同一数字在用法上意义并不是一成不变的，就说汉语数字"三"的含义就有几种，如"三言两语"、"三寸金莲"中的"三"表示"少"、"短"，而在"三令五申"中则表示"多次"，但在"三长两短"的"三"意为"一旦、万一"。相同数字所表达的意思为何会有差异甚至相反呢？数字"三"本意表示"少"，因它仅多于"一""二"，所以与"千言万语"相比，"三言两语"中的"三"意为"少"，但相对"一心一意"而言，在"三心二意"里则为"多"。在英文中"three"源于概念"three – dimension"（三维），给人们以真实之感，另外，"three"还可表示混乱之意，如"three – ring circus（一片喧闹）"、"Three in one（三位一体）"、"three sheets in the wind（大醉）"。

有些相同的数字在中英文里表示同样的概念与含义。如汉语的"四面八方"的"四"与英语"the four corners of the earth"的"four"都指"到处",又如"四只眼"与"four eyes"都是对戴眼镜者的不雅的称呼。某些不同的数字在中英文里却能表示相同的概念与含义,如汉语"百里挑一"和英语"one in a thousand"中的"一"与"one"均为"最优秀、最出色的人",两者的"百"和"thousand"都是数字的夸张用法,不指具体数字,而表多数,无数量上的差别。又如中国人说"十分感谢"、"万分感谢",英语里只用"a thousand thanks",它们都表示"非常感谢"之意。英语的"Five and Dime"和中国的"八元店",不同的数字却表示了相同的概念——特惠店。①

第二节　数词翻译的原则

一　民族性原则

不同的民族,其文化背景、传统的习惯表达是不一样的。由于长期的生产生活方式,环境影响,以及历史对文化的传承,每个民族均有着自己的文化背景和表达方式,数词模糊性的表达方式也明显地带上了民族的"烙印",尤其体现在成语、谚语、歇后语和诗文中。因此,在面对数词翻译时,"民族性原则"是我们首要考虑的要素,这样才能使得译文真实反映原文,易于读者阅读理解。

例如"三番五次"、"三言两语"、"九牛二虎之力"和"九死一生"里的数字"三"、"九"是表示许多,而非具体数字。然而英语里则用"twenty"、"a hundred and one"、"a thousand and one"等来表达相同的含义。我们在翻译时就要充分考虑到民族性问题。

二　通俗性原则

通俗语言是生活化的简练体现。具有"短、平、快"的鲜明特点,常见于成语、谚语、俗语、歇后语中。具有行文干净利索,朗朗上口的特点,且易懂易记。因此,翻译时要本着通俗明快的原则,尽可能地忠实原文。

---

① 蒋小燕、莫有元:《从中英文数字的异同谈其互译策略》,《江西科技师范学院学报》2006年第1期。

如："Bad news has wings"（坏事传千里）。原句可直译为"坏消息像长了翅膀一样"。但此种翻译无法给人一种想象感，缺乏语言的美感，同时不够通俗、简练。若译为"坏事传千里"更形象、更贴切。在传达了语言的美感和神韵的同时，也给人一种过目难忘的感觉。又如："A drop in the ocean"其意思是"海洋中的一滴"。此种翻译明显地缺乏风格对等，不符语言习惯，将其译为"沧海一粟"较为贴切。①

三　形象性原则

汉语里有许多由数字构成的生动形象的成语和习惯说法，翻译时就不能以字译字，而应将它们的确切含义形象地表达出来。

例如，在求爱的时候，人们通常用这条谚语："二人成伴，三人不欢"。译为"two is company"，"three is none". 译文相对直接地将"二人成伴"译成"two is company"，但并未将"三人不欢"翻译得僵硬、呆板，"three is none"不仅形成了和前半句的形式对等，而且形象地表达出爱恋时人物的心理。

四　归化性原则

归化就是尽量靠近目的语的使用方法。应用到翻译数词上，就是尽可能地用英语中现成的词语来套译汉语数词。例如：

一箭双雕：Kill two birds with one stone
接二连三：One after another
九死一生：A narrow escape from death
三教九流：People of all sorts
乱七八糟：at sixes and sevens
吃一堑，长一智：A fall into the pit, a gain in your wit

第三节　模糊性数词的翻译方法

数字是汉诗中的一个特殊领域。数字的基本功能是计算，但在汉语中有许多数字往往并不表示确切的数量，而只是一个泛化的虚数，即汉语中的语

---

① 唐尔龙：《汉英语言中数词的模糊性及其翻译》，《宿州学院学报》2009 年第 4 期。

义模糊现象。具有模糊语义的数字不仅具有用词简练、语义贴切、语言生动的修辞功能，还具有易于上口、形式工整、前后对称的美感功能。从一定意义上说，语言的模糊性造就了文学作品的生动性、形象性和艺术性，而数字语义的模糊性起着至关重要的作用，往往具有比喻、夸张、层递的修辞效果。

由于模糊性是人类语言的客观属性，各民族文化、社会生活、习俗又各不相同，各种语言的模糊性也存在着一定的差异，所以我们在从事翻译时，必须更加注意语义的模糊性，根据不同的情况、不同的文体而采取不同的翻译方法。

一　直译中对数字的保留

这种保留数字的直译方法是指在两种语言的转换过程中用数字替代数字，即在数字方面实行完全对等，翻译过程也相对简便快捷，但是要确保读者能够懂得译文。例如：

①误落尘网中，一去十三年。

But by mistakes I fell in mundane snares,

And thus was entangled for thirteen years.

②独木不成林，独花不成春。

One tree does not make a forest,

One flower does not make a spring.

③一寸光阴一寸金。

An inch of time is an inch of gold.

④将军百战死，壮士十年归。

Generals laid down their lives in a hundred battles,

and valiant soldiers returned after ten years' service.

⑤一鸟在手，胜于百鸟在林。

Better a bird in the hand is than a hundred in the wood.

⑥两岸猿声啼不住，轻舟已过万重山。

The jabbering of apes along the banks still seems to last,

Oh, ten thousand sweeps of mounts my swift boat has flashed past!

⑦刘姥姥千恩万谢答应了。

Granny Liu agreed to this with a thousand thanks.

⑧凤姐笑道："像你这样的人能有几个呢，十个里也挑不出一个来。"

"How many are there like you? Not one in ten."

二　意译中对数字的改变

由于英汉两种语言对数字往往有不同的使用习惯，数字的模糊语义在理解和表达上必然有一定差异，同样的数字在源语和译语中表达的意义或不一样，甚至容易引起误解，因此翻译时需适当改变数字意译。例如：

①千山鸟飞绝，万径人踪灭。

A hundred mountains and no bird. A thousand paths without a footprint.

源语中的"千"、"万"改变数字后降译为"百"、"千"，以降解汉语夸张的语气。

②新官上任三把火。

New brooms sweep clean.

原句若直译为："New official will make a fire."将完全失去汉语中的本意。因此，只能采取意译的方法来表达新官上任后的推行新政的决断与态势。

③"普及工作若是永远停留在一个水平上……那么教育者和被教育者岂不是半斤八两？"

"If popularization remains at the same level for ever…will not the educators and those being educated be six of one and half a dozen of the other?"

源语中的"半斤八两"是汉语的一个成语，如果直译为"半斤"和"八两"，英语读者难以理解两者有等值的意义。为了符合英语习惯，改变数字后译为"一打里的一半对另一半"，则容易理解了。

与此相类似的还有：

一个巴掌拍不响。

It takes two to make a quarrel.

一失足成千古恨。

A hundred years cannot repair a moment's loss of honor.

三　意译中去掉数字

这种方法考虑到模糊数字的使用是在具有一定民族文化背景下的特定

的语言表达习惯，翻译成另一种语言时，由于文化背景的不同和表达习惯的差异，如照搬直译，会使读者难以理解，或使译文语句不顺、语义不明，因此翻译时需舍弃数字意译。例如：

①他这一阵心头如同十五个吊桶打水，七上八下，老是宁静不下来。

His mind was in a turmoil these days and he was quite unable to think straight.

源语中的"十五个吊桶"、"七上八下"具有显著的民族文化特征，直译会徒增理解的困难，所以舍弃数字不译。

②千山鸟飞绝，万径人踪灭。

A thousand mountains and no bird,

A thousand paths without a footprint.

译者将诗中的"千山"和"万径"分别译为"A thousand mountains"和"A thousand paths"，形成工整、对仗的诗体风格。

③故人西辞黄鹤楼，烟花三月下扬州。

My friend has left the west where the Yellow Crane towers,

For River Town Veiled in green willows and red flowers.

这里的三月指的是中国的农历三月，相对应的英文是"the third month according to the lunar calendar"，这样翻译会影响诗歌的结构，所以将烟花与三月合起来按照春天的景色特点实化处理为"绿柳花红"。

④城阙辅三秦，风烟望五津。

You leave the town walled far and wide,

For mist – veiled land by riverside.

"三秦"指雍、塞、翟三国；"五津"指白华津，万里津，江首津，涉头津，江南津。诗中隐含惜别的意思，气象雄浑开阔，并为全诗奠定了乐观开朗的基调。但在翻译的时候不适合将其完全译出，只能分别将其概念泛化处理。

⑤姑娘是个明白人，岂不闻俗语说："万两黄金容易得，知心一个也难求。"

You've sense enough to understand the saying, "The thousand teals of gold are easier come by than an understanding heart."

原文中的"万两"代表的是一个大概的意思，并不是确指"ten thousand teals"，所以采取的是去掉数字法。

⑥小姨说："谢天谢地，你走后，我心里七上八下的 ……"

"Thank God!" breathed Aunt, "Since you left, my heart's been in my throat."

与此相类似的还有：
①凤姐自里间忙出来插口道："你这个人，就该老爷每日令你寸步不离方好。"

Xifeng, who had joined them by now, chimed in, "You ought to have the master keeping you by his side all the time."

②女孩子千里辞家，中途生病，举目无亲，自然要哭。

When a girl finds herself hundreds of miles from home, falls ill in mid-journey, and hasn't a single relative to turn to, it's only natural for her to cry.

第四节 一些科技数词的翻译

一 阿拉伯数字的翻译

（一）照搬

6 位数以下的，包括温度、年份、产量、耗量、压力、金额、面积等，一般可照搬。例如：

750℃	at 750℃
6，219 吨	6，219tons
420 千瓦小时/磅	420KW－hr/lb
7230 牛顿	7，230newtons
1785 美元	MYM1，785 or 1，785 dollars

（二）换算

较大的数字可以换算，利用"万"、"亿"等计数单位来表示。欧美国家常用千位制，而我国常用万进位制。对较大的数适当地加以换算，有利于数字简化，又符合中国习惯。例如：

7，000，000tons	700 万吨
24，369，000tons	2436.9 万吨
3.2×10^6tons	320 万吨
89.6Mt	8960 万吨
700MW	70 万千瓦

（三）译成中文

较大的数（万的整倍数，而且只有一位有效数字时），且单独出现（其后跟有单位名称），可以将它全部译成中文。例如："MYM3000，000"可译成"三百万美元"（也可译成 300 万美元），但不可译成"3 百万美元"。

二　文字数字的翻译

1. 在数量确定的情况下，可根据具体情况译成数字。例如：

34800	thirty－four thousand eight hundred
560	five hundred and sixty
200000（20 万）	two hundred thousand
9×10^{18}	nine million million million
7×10^{15}	seven quadrillion
4×10^{18}	four quintillion

中文里数字的基本单位是个、十、百、千、万、十万、百万、千万、亿、十亿、百亿、千亿、万亿。英语中数词的基本单位是 hundred, thousand, million, billion, trillion。从 1—1000，都有与中文相对应的英文数词。但是，在英文中却没有与中文里"万"和"十万"相对应的序数。下面是相应的数字列表。

一百	100	a/one hundred
一千	1000	a/one thousand
一万	10000	ten thousand
十万	100000	a/one hundred thousand
一百万	1000000	a/one million
一千万	10000000	ten million
一亿	100000000	a/one hundred million
十亿	1000000000	a/one thousand million
一万亿	1000000000000	a/one trillion

2. 对于数量不是很明确、表大约的数量及可能的范围的数字，分下列几种情况处理：

（1）具体数字加"几"或者"几""数"加数字单位的翻译：

十几	（13—19）teens of
数十（几十）	tens of
几十	decades of
几十（几打）	dozens of
几十（40 以上）	scores of
几百	hundreds of
几千	thousands of
数百万	millions of
数万	tens of thousands of
数十万	hundreds of thousands of
数千万	tens of millions of

（2）"几十几，几十有余，几十多"的翻译方法：

20 有余	twenty and odd
二十几	twenty – odd
3000 多	three thousand or odd

（3）具体数字加"左右"或者"上下"的翻译：

50 米左右（上下）	fifty meters or so
50 米以上	fifty meters or more
50 米以下	fifty meters or less

第五节　倍数的翻译方法

一　增加倍数的表达方式及其翻译

增加了 n – 1 倍或增加到 n 倍	increase by n times
增加了 n – 1 倍或增加到 n 倍	increase by a factor of n
增加到 n 倍或增加了 n – 1 倍	increase to n times

由于倍数对数词的特殊影响，倍数翻译显得尤为重要。增加倍数是倍数表达的一种形式。翻译过程中应该对每个细节都多加注意。

二　比较倍数的表达方式及其翻译

A 是 B 的 n 倍或 A 比 B 大 n – 1 倍	A is n times larger than B
A 相当于 B 的 n 倍或 A 比 B 大 n – 1 倍	A is n times as large as B
A 是 B 的 n 倍	A is larger than B by n times
A 是 B 的 n 倍	A is n times B

比较倍数与增加倍数有稍许不同。虽然这也算是增加倍数的另一种形式，但是翻译起来却大有不同。

三　减少倍数的表达方式和翻译

减少了 2/3（减少到 1/3）	decrease by three times

减至 2/3（减少了 1/3）	decrease to 3 times
减少了 2/3（减至 1/3）	decrease by a factor of 3 times
减至 1/3（减少了 2/3）	decrease 3 times
减少了 3/4（减至 1/4）	decrease 3 times less than

　　减少倍数是倍数中的最后一个。因为翻译过程中涉及分数的转化，减少倍数的翻译有一点儿复杂。在翻译过程中必须仔细认真地对待。

第十章　称谓的翻译

第一节　称谓概述

一　称谓的概念

中国人很重视对称谓的研究，3000 年前解释词义的专著《尔雅》，就有了专门考察亲属称谓的一章，名《释亲》。孔子说："名不正，则言不顺；言不顺，则事不成。"这"名"当然也包括称谓。称谓使用不当，难免影响交际；交际效果不好，当然就达不到办事预期目的。清代著名学者梁章柜专门著述了一部《称谓录》，内容涉及亲属、官职、师友、邻里、同僚等各种关系及各种行业的称谓词语。

根据《现代汉语词典》的解释，"称谓"是指"人们由于亲属和别的方面的相互关系，以及由于身份，职业等而得来的名称"。汉语称谓语系统是一个内涵和层次都非常丰富的结构体系，一般分为亲属称谓和社会称谓两大类。亲属称谓语主要是在具有亲属关系的人中间使用。社会称谓语是相对亲属称谓语而言的社会称谓习俗，它是反映人们在社会生活中相互关系的称谓习俗。与亲属称谓语相比，它具有更鲜明的时代、阶级、社会分工的烙印，发展变化相对较快。同时，社会称谓语更具有广泛性，也更具有普遍意义。按使用范围来分，社会称谓语可分为通称称谓语，职业称谓语和泛称（亲属泛称）称谓语等。①

二　汉英称谓各自的特点

汉语中的亲属称谓以其名目繁多、复杂多样著称于世。在语言所指

---

① 王静：《汉语中社会称谓语的文化内涵及其翻译》，《安徽工业大学学报》（社会科学版）2010 年第 3 期。

上，有"自称"或"面称（对称）"、"背称（他称、叙称）"的区分；在语言态度上，有"尊称"、"敬称"、"谦称"、"平称"、"昵称"、"贬称"、"戏称"等；在人称数量上有"单称"、"合称"之分；在对象范围上有"专称"、"通称"之别；在时间上，有"旧称"和"今称"之分；此外，在交际形式上，还有口头称呼与书面称呼的区别。汉语的亲属称谓的语义功能非常细密，能够区别直系与旁系、血亲与姻亲、长辈与晚辈、年长与年幼、男性与女性等。

英语中的亲属称谓，一般只表示生育、婚配、同居这三种关系。在英美等国家的家庭成员中，长辈和晚辈之间，或者夫妻之间，常常使用 dsar（亲爱的）、honey（亲爱的）、darling（亲爱的）之类的亲昵称谓；兄弟姐妹之间习惯以教名（相当于汉语的小名称呼，甚至儿女对父母也可直呼其名（教名）。因此，英语的亲属称谓要比汉语的简单得多。①

英语和汉语中常用的亲属称谓词有：

grandfather *爷爷，外公*

grandmother *奶奶，外婆*

father *爸爸*

mother *妈妈*

uncle *伯父，叔父，舅父，姑父，姨夫*

aunt *伯母，婶母，舅母，姑母，姨母*

brother *兄，弟*

sister *姐，妹*

nephew *侄子外甥*

niece *侄女外甥女*

cousin *堂兄弟姐妹，表兄弟姐妹*

三　称谓具有的功能

（一）社交指示功能

称呼的变化可以反映两人之间地位、身份的变化，也反映两人关系的疏远。受差序格局的社会结构、传统伦理及血缘、宗族社会因素的影响，

---

① 王玉环：《文化差异与亲属称谓翻译》，《毕节师范高等专科学校学报》2002 年第 9 期。

中国社会较习惯于非对等式称谓类型。中国的非对等式称谓语的使用表现出一种权势取向，它是垂直社会关系的标志。由于受传统的封建宗法关系的影响，汉语中任何职务都可以用于称谓，尤其是下级对上级必须用职务作为称谓，这种称谓中，职务属于尊敬性称谓成分，代表了荣誉和尊严。下级对上级要以职务相称，不能称姓名。但上级对下级则可以称姓名或"老＋姓"之类的称谓。

（二）表示态度功能

如"王校长"和"李厂长"，既表示被称呼人的职务，又表示称谓者对他们的尊敬。"张大嫂"并不一定姓张，而是她丈夫姓张，按"嫂"的用法，称呼她的人应该比她年轻，其实不然，称呼她的人可能比她年长，而且同辈，甚至是她的长辈，比张大嫂年轻的人称她"张大嫂"时，一般只具有指称意义，比张大嫂年长的人称她"张大嫂"时，除了指称意义外，还蕴含有语用意义，即表示亲切或尊重。①

（三）语境指示功能

从语用的观点看，不同的称谓方式预设着不同的交际目的，表达不同的会话含义和话题焦点。称谓的语用意义的确定要依赖语境。对于具有特定地位的对象，如果有一个公认的正规称呼，则任何改变都是一种信息。在某一次交际中，对某一特定交际对象的称呼的改变意味着说话人交际目的、意图的改变和情感态度的变化。不同的称谓方式在不同语境中蕴含着不同的语用意义。

第二节　称谓翻译中应遵循的原则

翻译过程包括两个阶段：理解和表达。

一　理解

在理解过程，译者要遵循语境原则，即结合语境推断出原称谓的语用意义。语用学是推断语言在语境中意义的学问，语境包括语言语境和非语言语境。非语言语境又包括文化背景、交际情景等。跨文化语用对比研究

① 刘萍：《称谓的语用意义及其翻译》，《重庆交通学院学报》（社会科学版）2003年第9期。

证明，不同语言文化传达和推理含义的方式也不尽一致。因此，我们在翻译的理解过程中，一定要注意结合交际情景和原文的文化背景，按原语文化的推理习惯来理解原文中称谓语在此情此景中的真正所指。

二　表达

在表达阶段要遵循符合译语文化习惯的原则。语用翻译就是要求原文对原文读者的效果与译文对译文读者的效果趋同。由于文化差异，有时若把原文中的某些称谓直译到译语中，译文读者按自己的认知模式，对译文称谓会产生不解、异解或曲解，这样的翻译就谈不上效果的等同。语用学中的关联理论认为，人们所处的环境、他们的经历以及他们的认知能力都有所不同，因此他们各自的认知环境就会存在差异，对于跨文化的读者来说，情况更是如此。翻译中的语用等效，用关联理论来解释，就是为了照顾读者的认知。为了确保译文读者能够理解原文，推理出相关的含义，翻译时译文要符合译语文化习惯。[①]

第三节　称谓的翻译方法

一　亲属称谓的翻译方法

（一）常用亲属翻译

汉语中有许多称谓与英语的称谓对译时很难找到令人满意的对应词。如果要准确地将汉语的亲属称谓翻译成英语，词就变成词组，每个译文都变得很长。如：

祖父：father's father; paternal grandfather; grandfather on father's side

祖母：father's mother; paternal grandmother; grandmother on father's side

外祖父：mother's mother; maternal grandfather; grandfather on mother's side

外祖母：mother's father; maternal grandmother; grandmother on mother's side

伯父：father's elder brother; paternal elder uncle

伯母：wife of father's elder brother

---

① 刘萍：《称谓的语用意义及其翻译》，《重庆交通学院学报》（社会科学版）2003 年第 9 期。

叔父：father's younger brother；paternal younger uncle

婶母：wife of father's younger brother

姑母 father's elder/younger sister；paternal aunt；aunt on father's side

姑父：husband of father's elder/younger sister

舅父：mother's elder/younger brother；paternal uncle

舅母：wife of mother's elder/younger brother

姨母：rather's elder/younger sister；paternal aunt；aunt on mother's side

姨父：husband of mother's elder/younger sister

（二）夫妻称谓的翻译

在汉语中，夫妻称谓有多种，包括旧称、今称、尊称、昵称、戏称、理称和俗称等。妻子对丈夫的不同称呼就有：官人、夫婿、夫君、相公、先生、当家的、老伴、老头子、孩子爸、老公、我那口子、爱人、我的他，等等。丈夫对妻子的不同称呼：夫人、太太、媳妇、内当家、老婆、老伴、老婆子、孩子妈、我那口子、爱人、我的她，等等。

在英语中，夫妻之间的称谓，除了常用 dear（亲爱的）、honey（亲爱的）、darling（亲爱的）、sweet（亲爱的）等亲昵称谓之外，也有"戏称"、"便称"和"俗称"。妻子对丈夫的不同称呼：man，the/my old man，papa，the lord/lore and master，my worse half 等。丈夫对妻子的不同称呼：woman，the/my old woman，mama，my better half、headache，ball and chain 等。

（三）亲属中的尊称和谦称

在汉文化中，有"尊称"和"谦称"。而英语中就有不同。如果把"愚妻"照字面直译为"my foolish wife"（我的傻妻子），英美人会觉得费解或滑稽。因此，在翻译这类词时，只好忍痛割爱将尊、谦的成分"省略"，"家父"、"家母"只能翻译为 my father 和 my mother；犬子只能翻译为 my son；小女只能翻译为 my daughter。其他还有：

家严：my father

家慈：my mother

令尊：your father

令兄：your brother

令郎：your son

令爱：your daughter

（四）亲属中的合称与别称

汉语中有很多称谓虽然只是一个词，但指的是两个人。这种称谓就是"合称"。英语中没有这种称谓。翻译时要加以注意。如：

公婆：father – in – law and mother – in – law；husband's parents

婆媳：mother – in – law and daughter – in – law；one's mother and wife

姐弟：elder/big sister and younger/small brother

兄妹：elder/big brother and younger/small sister

姑嫂：sister – in – law and her brother's wife

妯娌：wives of brothers

连襟：husbands of sisters

汉语中的一些亲属称谓还有另外的称呼，即"别称"。英语中没有这种称谓。翻译时不能够照字面意思翻译。如：

泰山：father – in – law

泰水：mother – in – law

东床：son – in – law[1]

二　社会称谓的翻译方法

（一）语义等值法

在英汉语言中有些称谓语具有相等的语义和交际价值，在翻译时可以"对号入座"。比如，一些表示职业的称谓语：医生"doctor"，屠夫"butcher"，驾驶员"driver"等。另外，像汉语中"姓氏＋先生""太太""小姐"等，这一类表达方式也可以对号入座，译成"Mr.""Mrs.""Ms. 姓氏"的格式。如：

---

[1]　王玉环：《文化差异与亲属称谓翻译》，《毕节师范高等专科学校学报》2002 年第 9 期。

茶博士问道："客官，吃甚茶？"史进道："吃个泡茶。"茶博士点个泡茶，放在史进面前。（施耐庵、罗贯中《水浒传》）

—A waiter approached him. "What kind of tea would you like, sir?"

— "I'll have a cup of steeped."

The waiter brought his order and placed it on the table before him.

例句中茶博士指的就是茶馆里的服务员，所以译者将他译为"a waiter"。

又如：门子听了，冷笑道：老爷说的何尝不是大道理，（曹雪芹《红楼梦》）

"老爷"指贾雨村，为新任应天府。杨宪益等译为"Your Honor"，可以说既符合原语所指，又符合译入语的习惯，因此，汉语与英译十分贴切妥当。

（二）语义增减法

由于英汉称谓系统中有许多称谓语没有完全对等的成分，不能"对号入座"，因此在互译过程中，应根据上下文作适当补充或删减，以符合不同语言文化的习惯。如在汉文化中，同辈人之间还可以称对方为"某某兄"表示尊敬或关系亲密的称谓，但将这类汉语的尊称或亲密称谓翻译成英语时，其中表示尊敬对方或表示彼此亲密的用词"兄"则不能翻译成英语，只好删减。如：

董太太是美人，一笔好中国画，跟我们这位斜川兄真是珠联璧合。（钱中书《围城》）

Mrs. Dong is a beauty and a good painter. She and Hsieh – chuan make a perfect couple.（茅国权译）

这里译者直接大胆地将"斜川兄"改译为人物的名字"Hsieh – chuan"，对称谓作了归化处理，采用了变通和删减的方法，用英语习惯以名字称呼来代替汉语的尊称，实现译语与原语最大的等值，使译语读起来比较地道。

（三）语用等效法

在英汉称谓翻译过程中，有很多称谓语既找不到形式上的对等译入语，又寻不出合适的语义等值语，这时候就要弄清楚交际双方的关系、身份、语气、语境及可能的语用含义。如：

王夫人哭道："宝玉虽然该打，老爷也要自重。"（曹雪芹《红楼梦》）"I know Pao – Yu deserved it", sobbed Lady Wang, "But you must wear yourself out, Sir."（杨宪益译）

在此例中，"老爷"出自王夫人之口。王夫人称自己的丈夫为"老爷"，主要原因是在别人面前表示对贾政的尊重和对他痛打宝玉的不满。在这种场合，如果把"老爷"直译成"You"显得过于随便，译为"Sir"较准确地传递了原作者的表达意愿。①

第四节　称谓翻译中应注意的问题

一　根据上下文变换称谓的翻译

汉语称谓词名目繁多、指称具体，英语称谓词数量少，指称模糊，因此两种称谓语之间不可能一一对应，翻译时需根据上下文对称谓语进行推理换算，变通成对应相近的称谓语，以符合文化习惯。英文里的亲属称谓比较笼统，比较模糊，它不像中文里的称谓，非得把身份分得一清二楚。如英文中"cousin"一词，就可以对应于中文里的"堂兄、堂弟、堂姐、堂妹、表兄、表弟、表姐"；"aunt"一词也可对应"姑姑、阿姨、舅妈、婶婶"等。通常情况下姑妈和姨妈都可译成"aunt"，但如果语境中强调姑姑指的是父亲的姐妹，而姨妈指的是母亲的姐妹。那么就应分别译成"paternal aunt"和"maternal aunt"。

二　仿亲属称谓的翻译

汉语中习惯用排行称谓和仿亲属称谓，即借用亲属称谓来称呼非亲属

---

① 王静：《汉语中社会称谓语的文化内涵及其翻译》，《安徽工业大学学报》（社会科学版）2010 年第 3 期。

成员。仿亲属称谓在汉语中用得非常普遍，这与英语形成巨大的反差。因而在翻译过程中如果直接移植汉语用法容易引起歧义。例如，在现实生活中，王大妈、赵大爷等称谓随处可闻，不仅用于认识的人群，还用于对陌生人的称呼。翻译这类称谓时，应将排行称谓和仿亲属称谓改译为人名或是本人身份。

三 职业称谓的翻译

汉语中最常见的职业称谓如李老师、王会计、张师傅不能译成"Teacher Li"，"Accountant Wang"或"Driver Zhang"，因为英语通常不把它们当作称谓，而是一般用"Mr.""Ms.""Miss.""Mrs"Li"Wang""Zhang"来代替。也就是说，碰到英语文化中没有的职业职称称谓语时，比较保险的做法是用"Mr.""Ms.""Miss.""Mrs."这些称呼语来替换。在汉语中，"衔称 + 姓氏"的称谓非常普遍，如王经理、贺主任、张书记、黄校长、程局长等不一而足。而英语中这类称谓远不如汉语普遍，只限于对皇族、政府要员、宗教界、军界或法律界人士的称呼。语言习惯是文化不可分割的一部分，称谓语更是某一文化中约定俗成的东西。英语人士除了第一次见面相互介绍时要使用衔称，而且多使用后置同位语结构，如"Mr. Zhu，the Executive Director of …"之外，其余时间他们更常用"Mr.""Mrs.""Ms.""Miss."来称呼。而汉语中对一个有职衔的人来说，就需要把他这一身份地位时时刻刻称呼出来，否则就颇有不敬的味道。

四 社交称谓的翻译

汉语社交称谓中另外两个非常普遍的前置称谓"老"和"小"通常用于朋友或同事姓名前的相互称呼，比如说一个被称为"老陈"的人也许年龄并不大，而被称作"小马"的人实际年龄已 50 岁了。对于这两个前置称谓大多数译者采取字典释义译成"old"或"young"，也有人译成"big"或"little"。但殊不知英语中"old"或"young"的意义是相对稳定的，两者之间的年龄距离差了一大截。在英语文化中，"old"给人的感觉起码是六七十岁以上的年纪，而"young"则表示这个被称呼者二十岁左右顶多不超过三十岁的样子。"big"或"little"绝不仅仅是个称谓，它们具有特定的含义。"little"一词一般指年龄幼小如"little girl"或身材矮小"little man"，而"big"却表示一个人身材高大，健壮无比。此外，也有人直接把"老王"或"小李"音译成"Lao Wang"或"Xiao Li"，其结果很可能是被英语人士当作两个简单的姓名，从而失去了称谓的作用。英语文化中朋友与同事之间常常以名相称，以表示一种平等和亲近的关系。因为年龄、资历、经验对他们来说并不重要。相反，在很大程度上他们避免谈及年龄，对"old Wang"之类的字眼，他们会感觉不可思议甚至唐突，因为谁会高兴把自己称作"old"呢？因而在英译"老"或"小"前置称谓时可考虑只译出姓名。

五　对陌生人称谓的翻译

在汉语称谓中，张大姐、李大哥等称谓随处可闻，不仅用于认识的人群，还用于对陌生人的称呼，这类对陌生人的称谓在英语中就没有对等词，翻译时可考虑用"Sir"或"Madam"来替换，或干脆省略称呼直接用"Excuse me"。而像张（大）哥、李（大）姐这类称谓在汉语中几乎演变成了一个通行的称谓习惯，翻译时可以根据实际关系的远近译出名字或译成"Mr." "Mrs." "Ms." "Miss." +姓氏。另外，对于以叔、婶、伯、姨来称呼的仿亲属称谓在英译时也不宜直接以"uncle"或"aunt"来套用，因为在英语文化中"uncle"或"aunt"一般是未成年的孩子用于称呼关系极密切的父母的朋友，而一旦成年，他们又会改口用"Mr." "Ms." "Mrs." "Miss." 来称呼。[①]

六　行政职务的翻译

我国行政机关等级分明，各类机构管理人员的称谓亦是复杂，其名片中的称谓翻译多有不妥，存在不少问题。称谓语在此处包含着职务和职称两方面内容。我国的许多职业称呼和行政职务在英语里都有国际通用的功能等值词，得到国内译界的普遍认可，成为定译。如大学校长（President/Chancellor），总经理（General Manager），销售经理（Sales Manager），处长（Division Chief）等；但还有一部分称谓的翻译是见仁见智的，译者们往往各执己见，如："董事长"一职，人们普遍比较认可的翻译为"President"（美）或"Chairman of the Board"（英），但是"Head of Board"恐怕就差强人意了；再如"局长"一职，有人译为"Bureau Director"，有人译为"Bureau Manager"，还有的译为"Bureau Chief"。至于职称则更是复杂，包括技术职称（如工程师）、学位（如博士）、荣誉称号（如三八红旗手）、军衔（如上尉）、警衔（如一级警督）、执业资格（如高级讲师）等。在翻译时要先明确其工作性质及行业分类，然后查阅相关的分类词典，尽量使译文规范化。

---

① 叶玲：《汉英称谓的文化比较与翻译》，《语言文字》2009 年第 7 期。

第五节　汉语中一些特殊现象的翻译

一　名人的名字翻译

孟子：Mencius

孔子：Confucius

孙中山：Sun Yat – sen

宋庆龄：Soong Ching – ling

毛泽东：Mao Tse – dung（Mao Zedong）

蒋介石：Chiang Kai – shek

张学良：Chang Hsueh – liang

杨振宁：Chen Ning Yang/Frank Yang

李政道：Tsung – Dao Lee

董建华：Tung Chee – hwa

阿沛·阿旺晋美：Ngapo Ngawang Jigmi

班禅额尔德尼：Panchen E'erdeni

达赖喇嘛：Dalai Lama

努尔哈赤：Nurhachi

忽必烈：Kublai Khan

成吉思汗：Genghis Khan

二　号、衔、称谓的译法

五柳先生：Mr. Five Willows

兰陵笑笑生：the Scoffing Scholar of Laming

书圣（王羲之）：Sage of Calligraphy

诗仙（李白）：Celestial of Poetry

信陵君：the Duke of Xinling

至圣贤师（孔子）：Supreme Sage and Foremost Teacher

大成至圣文宣王（孔子）：Great Perfect，Most Holy Culture Spreading King

武则天女皇：Empress Wu Zetian

慈禧太后：（Empress）Dowager Cixi

包青天：Bao the Blue Sky

段太尉（"太尉"为官职）：Marshal Duan

黑旋风李逵：Li Kui, the Black Whirlwind,

骆驼祥子（"骆驼"为绰号）：Camel Xiangzi

王胡（"胡"为绰号）：Whiskers Wang

祥林嫂：Xianglin's wife

张屠户：Butcher Zhang

刘妈：Amah Liu

江姐：Sister Jiang

老李：Old Li

小李：Little Li

王老师：Mr. Wang/Miss Wang

张师傅：Comrade Zhang/Mr. Zhang/Old Zhang

三　帝王、年号的译法

乾隆：the Qing Emperor Qianlong

洪武：the Ming Emperor Hongwu

吴王夫差：Fuchai, the King of the Wu State

秦始皇：Qin Shihuang, the first emperor of the Qin Dynasty

魏文帝：Wei Wendi, the Emperor Wen of the Wei Kingdom

晋王完颜亮：Wanyanliang, an emperor of the Jin Dynasty（period）

末代皇帝溥仪：Puyi, the last emperor of the Qing Dynasty[1]

四　"副"职的翻译

英语里表示"副职"的词有"associate"，"assistant"，"vice"，"depu-ty"等，它们分别与不同职业的称谓搭配，翻译时应注意正确的表达。如：

---

① 邹龙成：《谈谈中国人名及号、衔、称谓等的翻译》，《大学英语》2000 年第 6 期。

副省长：Vice/Deputy – Governor

副市长：Vice/Deputy – Mayor

副校长（大学）：Vice – President

副校长（中学）：Vice – Principal

副主任（大学里的系）：Vice – Dean

副司令员：Assistant Commander – in – Chief

副经理：Assistant Manager

副总经理：Assistant General Manager/Deputy General Manager

副研究院：Associate Research Fellow

副院长（大学里的学院）：Associate Dean

译例分析：

①大连外国语学院国际旅游与酒店管理学院副院长

副院长：Associate Dean

国际旅游与酒店管理学院：The School of International Tourism & Hospitality Management

大连外国语学院、Dalian University of Foreign Languages

全译为：Associate Dean, The School of International Tourism & Hospitality Management of Dalian University of Foreign Languages

②大连中国青年旅行社副总经理

副总经理：Deputy General Manager

中国青年旅行社：China Youth Travel Service

全译为：Deputy General Manager, China Youth Travel Service Dalian

五　各种学位的翻译

学士：Bachelor

双学士：Dual Bachelor

硕士：Master

博士：Doctor, Doctorate, Ph. D.

博士后：Post – Doctorate

医学学士：Bachelor of Medicine（BM）

牙科学士：Bachelor of Dental Science（BDS）

药学学士：Bachelor of Pharmacy（B. Pharm.）

文学学士：Bachelor of Arts（BA）

理学学士：Bachelor of Science（BS）

法学学士：Bachelor of Law（BL）

美术学士：Bachelor of Fine Arts（BFA）

法学硕士：Master of Law（ML）

工程学硕士：Master of Science in Engineering（MSE）

工商管理硕士：Master of Business Administration（MBA）

工艺学硕士：Master of Technology（M. Tech.）

公共卫生硕士：Master of Science in Public Health（MSPH）

航空工程硕士：Master of Science in Aeronautical Engineering（MSAE）

护理学硕士：Master of Science in Nursing（MSN）

家政学硕士：Master of Science in Home Economics（MSHE）

教学法硕士：Master of Science in Teaching（MST）

教育学硕士：Master of Science in Education（MSE；M. S. E. D.）

矿学硕士：Master of Mining（M. M.）

林学硕士：Master of Science in Forestry（MSF；M. S. FOR）

民法硕士：Master of Civil Law（MCL）

神学硕士：Master of Divinity（MDIV；M. DIV.）

体育硕士：Master of Science in Physical Education（MSPE）

新闻学硕士：Master of Science in Journalism（MSJ）

医学硕士：Master of Medicine Science（MSM）[1]

---

① 胡晓姣：《名片中姓名及称谓的英译》，《高等教育与学术研究》2006 年第 1 期。

第十一章　中国特有文化现象的翻译

中国特有的文化现象很多，本章中只是就十二生肖、二十四节气、季节、月份以及天干地支等比较难以翻译的现象进行分类总结，提供相应的翻译方法。

第一节　十二生肖的翻译

生肖文化作为中国民俗文化的一个重要组成部分，为越来越多的西方人所了解和接受，2005 年美国国家邮政局还发行了十二生肖纪念邮票。但是到目前为止，十二生肖英译名尚无一个统一的标准，不同的汉英词典有不同的译法。本节将在充分探寻十二生肖的文化根源的基础上，对不同的翻译进行讨论，最终提出一个比较合理的翻译名称，供读者参考和使用。

一　鼠

人人都因其行偷窃之道而鄙视鼠，故而语言中都只有贬义。在中国民族文化中，鼠的形象是不招人喜欢的个体短小，天生胆怯，精明狡诈的形象。英语中和汉语"鼠"相对应的有 rat 和 mouse 两个词。rat 体形较大，居住在水沟、河堤等地方；而 mouse 居住人类住宅，喜食粮食。rat 和 mouse 都是否定的形象，mouse 是胆小和懦弱无能的象征，而 rat 往往用来指叛徒、变节者、下流女人等卑鄙小人。可以看出，无论是从形象上、语义上还是文化内涵上，mouse 都接近生肖鼠。因此，鼠译为 mouse 更能准确地传达出其文化喻义。

二　牛

牛在汉文化中是体格健壮、勤勤恳恳、任劳任怨、无私奉献的典型，受到人们普遍的称颂。英语中牛的总称为 cattle，具体可以分为 ox（大公牛），steer（小公牛），bull（未阉割的公牛），bullock（阉牛），cow（母牛），heifer（母牛）和 calf（牛犊）七个词。在这些词汇中，ox 具有能吃苦、温和耐劳和力量的形象（如英语中有 as patient as an ox 的短语）。而 bull 则常用来喻指"彪形大汉"，"健壮的汉子"，与力量、信心和攻击性有关。因此，就文化内涵而言，ox 能更好地体现出生肖牛的文化含义，把牛译为 ox 更为恰当。

三　虎

中国文化中，虎为百兽之王，代表阳性，是力量的象征。其形象威武雄壮，民间常用于驱崇避邪。汉语中，人们常以虎喻人。一方面认为虎健壮有力、英勇果断，用"虎将"、"虎臣"比喻忠臣良将，"如虎添翼"、"龙腾虎跃"、"虎虎生风"等与虎有关的成语也多为褒义。另一方面，虎又是凶猛残忍、冷酷无情的，因此有"笑面虎"、"母老虎"、"伴君如伴虎"等贬义词语。现代英语中，tiger 可喻指凶恶的人，口语中常指比赛的劲敌。因此把生肖虎翻译成 tiger 几乎没有异义。

四　兔

在汉语中，兔有胆小、懦弱、温驯可爱的喻义，人们常用"动如脱兔"比喻人的可爱、敏捷；也用"狡兔三窟"，"兔子尾巴长不了"等来形容人，分别暗示"狡猾"与"难以持久"之意。英语中，rabbit 指家兔，hare 指野兔，在象征意义上并无区别。由于野兔跑得很快，生性慌张，人们常认为其行为疯狂或无法控制。但在英国中 hare 被用来指坐车不买票的人，还有 make a hare of sb.（愚弄某人）这样的短语，所以 hare 的形象偏于否定，难以传达出生肖兔温驯可爱的形象，因此译成 rabbit 效果更好。

五　龙

龙在中国是吉祥的神物，有神奇的力量，是尊严的化身。传说中龙是辅佐圣贤、拯救民生的灵兽，龙的出现是一种祥瑞之兆。在漫长的封建社会中，龙是至尊的帝王、天威和权力的象征，历代帝王都自称为"真龙天子"，把皇帝的子孙称为"龙子龙孙"。在历史的衍变中，龙的形象已成为中华民族的象征，因此生活在世界各地的华人都以"龙的传人"为自豪。还有像"跳龙门"、"人中之龙"、"望子成龙"、"卧虎藏龙"、"龙飞凤舞"、"龙腾虎跃"、"龙凤呈祥"等带有积极意义的词，都体现出龙在中国人心目中的神通广大。西方关于 dragon 的神话与其在中国文化中的形象截然相反。西方神话中的 dragon 是一种长着翅膀、有鳞有爪、有一条长尾巴、能从口中喷烟吐火的凶残怪物。因此，在西方人的心目中 dragon 是凶恶的象征，有时用于特指"凶恶的女人"。因为形象有异、寓意有别，中国的"龙"在英语中有必要译成 Chinese dragon。

六　蛇

蛇在十二生肖中也被当神灵看待，象征吉祥。民间传说若在家中发现蛇，是不能打死的。人们认为蛇是祖先派来巡视平安的，进了谁家，就预示谁家平安。但因蛇形怪异，有些又有剧毒能快速致人命，况且蛇是冷血动物，因此又引起人们的厌恶和恐惧。蛇还被称为"五毒（蛇、蜈蚣、蝎子、壁虎、蟾蜍）之首"，故有"蛇蝎心肠"一词。有关毒蛇的神话传说、寓言故事也对人们影响很大，如著名的"农夫和蛇"就道出蛇忘恩负义、狠毒的本性。还有"佛口蛇心"、"杯弓蛇影"、"打草惊蛇"等使人一想到蛇就感到恐惧。另外，"虎头蛇尾"、"画蛇添足"等词对蛇则没有赋予明显的情感意义。snake 在英语中也是依其外表和毒性取其"弯弯曲曲"和"阴险狠毒"之意，用得不多。比喻人时 a snake 是指 a treacherous person（一个阴险的人）。a snake in the grass 表示"伪装成朋友的阴险的人"。受基督教文化影响，蛇在西方文化里是邪恶的象征。现今英美民族笃信基督教者居多，因此大多数对蛇仍然怀有恐惧心理，甚至希望永远不要见到活蛇。英语中，snake 喻指冷酷阴险的人，虚伪的人，卑鄙的人；美国俚语指追求和欺骗少女的男子或男阿飞。与 snake 相关的习语也明显具有否定的含义。如：a cold – hearted snake，a snake in one's bosom，a snake in the grass，cherish/warm a snake 以及 Zeus and the snake。因此，把生肖蛇译成 snake 完全没有问题。

七　马

马在汉文化里珍情重义、忠于职守，是民族生命力的象征。在中国神话和文学作品中有不少关于神马、千里马、龙马、天马以及人和马的动人传说。成语"天马行空，独来独往"代表了中国人淡泊自为的潇洒观念，而"龙马精神"则是中国人自古崇尚的自强不息的民族精神。马还是中国古代战争不可缺少的战斗力量，所以很多有马的成语都与战争有关，如"一马当先"、"单枪匹马"、"万马奔腾"、"金戈铁马"、"兵荒马乱"等。马又是能力、圣贤和人才的象征，古人常以"千里马"来比拟不可多得的人才。英语中许多有关马的文化意义在汉语文化中几乎是对等的。西方国家历史上相互战争频繁，马是立国之本。马也是英国人早期的生产生活的主要工具，后在生产之余用于赛马等娱乐活动。因此生肖马在英语中表达为 horse 是再恰当不过了。

八　羊

汉语中，羊含有"温柔善良、富有艺术细胞、衣食无忧"等褒义。在中国人的心目中，羊具有吉祥、温顺、文雅、平和的美好形象，是五谷丰登、人畜两旺、国泰民安的象征。英语中具有"羊"的意思的词有 sheep、goat 之分，但两者有着迥然不同的文化内涵。goat 向来被认为与好色、淫荡和罪恶有关，相传是魔鬼的化身。而《圣经·马太福音》中，耶稣自称为牧羊人，把教区的民众称之为 sheep，"separate the sheep from the goats"意为"把好人和坏人区分开"。因此在对比 sheep 和 goat 的文化内涵上，可以看出 sheep 更接近汉语中生肖羊"吉祥、温驯"的喻义。"sheep"一词足以传递出生肖羊的文化意义。

九　猴

猴在汉文化中是一种吉祥动物。人们喜欢以猴子组画，象征吉祥。如猴与蜂画在一起，意为"封侯"；如画一只猴骑在马背上，寓意"马上封侯"；如画两只猴坐在一棵松树上，或一只猴骑在另一只猴的背上，则表示"辈辈封侯"。此外，由于《西游记》中的孙悟空的英雄形象已家喻户晓、深入人心，人们对猴子总多了几分偏爱。现在人们常用猴子来比喻孩童的天真活泼，淘气可爱。在西方的基督教文化里，猴子常被看作人类的丑化，是虚荣贪婪和淫荡等恶习的标志。但是在现代文化里，猴子被看作是聪明而喜欢恶作剧的动物，常用来比喻讨厌的、贪玩的或喜欢恶作剧的顽童、淘气鬼或易受欺的人。从这一点看，把生肖中的猴翻译成 monkey 也是理义相通的。

十　鸡

中国生肖文化中的鸡是一只风采斐然、神采奕奕的雄鸡，之所以被选为生肖，与雄鸡报晓有关。再看文化含义，汉语中，鸡与"吉"同音，具有文、武、勇、仁、信五种美德，能驱鬼避邪，是人们喜爱的吉祥动物。鸡最显著的象征意义就是守信、准时，历来使人们有积极的联想。而 chicken 在英语文化中是胆小的象征，有 as timid as chicken（胆小如鸡）的说法，所具备的文化心理意义与原文不符。cock 在英语中除了有"雄鸡"的含义外，可扩展到指任何雄性鸟类，有时也被用来喻之雄性生殖器，若用作译名则显得粗俗，容易引起人们不好的联想。相比之下，rooster 在西方文化里与勇敢、战斗联系在一起。因此，把鸡译作 rooster，既能涵盖汉语中的文化意义，又能使译文读者具有中国人同样的审美心理感受。

十一 狗

中国人的传统心理中，狗是用来看守门户的家畜，是一种下贱的动物，常用来比喻卑鄙丑恶的人，会引起"卑贱、恶劣"等联想，如"狗头军师"专指在背后出坏主意的人。汉语中以狗为喻体的成语也多带贬义，如"狗急跳墙"、"狗胆包天"、"狗仗人势"、"狗屁不通"等。但是在西方人眼里，dog 是一种被视为忠诚的朋友的宠物。现代英美国家的人都把狗视为自己最好的朋友，你尽可用狗来比喻任何人。因此，英语中以狗为喻体的习语多带褒义，如 as faithful as a dog；love me，love my dog（爱屋及乌）。dog 能用来比喻不同的人：如 gay dog（快乐的人），clever dog（聪明的伙计），top dog（胜利者），a sleeping dog（惹不起的人）等。总之，在西方，狗是"人类最好的朋友"。但是限于词汇的对应关系，文化内涵是可以通过沟通进行解释的，我们还是把生肖中的狗译成 dog。

十二 猪

无论汉语还是英语，其中猪的形象和文化含义都大致相同。猪的形象永远是肮脏而丑陋的，猪集"懒"、"馋"、"贪"和"笨"于一身，常被用来比喻贪吃贪睡、行为粗鲁、令人讨厌的自私鬼。英语中猪的词语有 pig，boar，hog，sow 和 swine。boar 指未阉割的公猪和公野猪，hog 在英国英语里是"阉公猪"，在美国英语里指"供食用的猪"；sow 指母猪，swore 为旧用法，在西方文化中有"讨厌鬼"和不识好歹的文化含义。pig 为猪的总称，因此无论从语义上还是文化含义上，还是把猪译成 pig 最为合适。

第二节 节气、季节、月份的翻译

二十四节气起源于黄河流域。远在春秋时代，我国先民就定出仲春、仲夏、仲秋和仲冬四个节气。以后不断地改进与完善，到秦汉年间，二十四节气已完全确立。二十四节气中有 8 个反映四季变化的节气，5 个反映温度变化的节气，7 个反映天气现象的节气以及 4 个反映物候现象的节气，对农业生产有重要意义。

二十四节气（The 24 Solar Terms）

立春：Spring begins

雨水：The rains

惊蛰：Insects awaken

春分：Vernal equinox

清明：Clear and bright

谷雨：Grain rain

立夏：Summer begins

小满：Grain buds

芒种：Grain in ear

夏至：Summer solstice

小暑：Slight heat

大暑：Great heat

立秋：Autumn begins

处暑：Stopping the heat

白露：White dews

秋分：Autumn equinox

寒露：Cold dewy

霜降：Hoar – frost falls

立冬：Winter begins

小雪：Light snow

大雪：Heavy snow

冬至：Winter solstice

小寒：Slight cold

大寒：Great cold

与其他国家一样，在中国也有一年分为春夏秋冬四季的做法。但不同的是，汉语中又将每个季节分为孟、仲、季三部分，每一部分正好对应一个月，每一个月又可再分为上、中、下三旬。尽管英语中没有对应词，但可以使用"early"，"mid –"和"late"等解释性的词语译出。例如，春季（spring）分为孟春（early spring）、仲春（mid spring）与季春（late spring）。孟春就是中国农历的正月，正月又可以再分为上旬（early 1st month）、中旬（mid 1st month）与下旬（late 1st month）。

中国传统历法使用的是农历，而英语的 January，February，March 等单词所表示的是以格利高里历法（Gregorian calendar）为基础的公历，故中国农历中的月份不能使用上述英语单词，而是使用序数词来翻译，以示区别。因此，"正月"译成 the 1st month，"二月"译成 the 2nd month，依次类推。①

---

① 黄鸣飞：《汉语计时文化特色词汇英译》，《贵州工业大学学报》（社会科学版）2007 年第 6 期。

第三节　天干地支的翻译

据传干支计时始于黄帝时代。盖自黄帝以来，始用甲子纪日，每六十日而甲子一周。干支根据天庭的太阳活动与地面的万物生长规律而得名，每个干支名称都有一定的蕴涵。如"甲"即"铠甲"，意为"万物冲破其甲而突出"；"乙"即"轧"，意为"草木初生，枝叶柔软屈曲伸长"；"丙"同"炳"，意为"万物如赫赫太阳，炎炎火光，著见而明"；"子"即"孳"，意为"草木生子，吸土中水分而出，为一阳萌的开始"；"丑"即"纽"，意为"草木出芽于土，屈曲即将冒出地面"，等等。但后来这些天干与地支用来计时的时候，主要充当了数字的作用，它们原来的含义逐渐被忽略，因此，翻译天干地支时不必将其本意译出，一般采取音译，即没有声调符号的汉语拼音。

1. 干支的数字功能在现代汉语中仍然广泛地运用，人们往往使用天干作为序数词或基数词列举事项以及创造新的科技词汇与日常词汇。具体翻译例子如下：例如：

　　天干：heavenly stem
　　地支：earthly branch
　　三甲医院：3 – A hospital
　　甲方、乙方：Party A, Party B
　　甲肝、乙肝：hepatitis A, hepatitis B

2. 中国历史上很多重大事件都是以干支或者皇帝年号的纪年来命名或描述的，由于一般英语读者甚至许多中国人都难以推算出具体的年份，所以译者在翻译这些历史名词时应将其换算成公元纪年法，以免使译文读者费解。例如：

　　戊戌变法：Reform Movement of 1898
　　甲午战争：Sirs – Japanese War of 1894—1895
　　庚子赔款：Boxer Indemnity of 1900

辛丑条约：the Pact of 1901

辛亥革命：the Revolution of 1911①

干支计时法不但可以纪年，而且可以计月、日、时，其中每项用一对干支表示，因此，某年某月某日某时可以用四对干支表示，共八个字。由于一般英语读者很难根据干支推算出具体的时间，故翻译时应译出具体的农历时间，例如：

具体时间：农历二〇〇七年正月二十九日晚九点

干支计时法：农历丁亥年壬寅月辛亥日已亥时

英译：9：00 P. M. 29 of 1st month, 2007 in the lunar calendar

传统上，中国人往往把命运与自己的出生时间联系起来。由于用干支表示的出生时间共八个字，所以又称为"生辰八字"或"八字"（eight characters designating one's birth time）。按照传统的方法，确定婚姻之前需要"合八字"（to check whether the couple's times of birth match），即考察男女双方的生辰八字是否相配，又把"算命先生"称谓"八字先生"（fortuneteller according to the eight characters designating one's birth time）。而在现代汉语中，"八字"往往引申为"命运"与"缘分"等，所以英译时一般采取转译法，即将字面意义转换成比喻意义，例如：

不要怪八字不好，只怪自己努力不够。

Don't complain about your bad luck. You should have made greater efforts.

我现在八字还没一撇哩。

I haven't even begun to get off the ground. ②

---

① 黄鸣飞：《汉语计时文化特色词汇英译》，《贵州工业大学学报》（社会科学版）2007 年第 6 期。

② 同上。

第十二章　文化负载词的翻译

第一节　文化负载词概述

一　文化负载词的定义

文化负载词（culture – loaded terms）又称词汇空缺，是指标志某种文化中特有事物的词、词组和习语。这些词汇反映了特定民族在漫长的历史进程中逐渐积累的、有别于其他民族的、独特的活动方式。在存在巨大文化差异的语言间翻译文化负载词汇时译者很难找到现成的、完全对应的表达。文化负载词汇是特定文化现象的具体体现，是不同文化群体对事物的不同反映，具有鲜明的民族特征，是民族语言的精华，也是民族文化最直接的反映。

二　文化负载词的种类

根据王德春教授主编的《汉语国俗词典》，文化负载词（王德春教授称之为国俗词语）。可分为七种：

1. 反映我国特有事物，外语中没有对应词的词语；

2. 具有特殊民族文化色彩的词语；

3. 具有特殊历史文化背景意义的词语；

4. 国俗俗语或成语；

5. 习惯性寒暄用语；

6. 具有修辞意义的人名；

7. 兼具两种以上国俗词义的词语。①

----

① 唐婷：《从目的论看新闻中文化负载词的翻译》，《科技信息》2012 年第 13 期。

第二节　文化负载词的翻译策略

翻译文化负载词的最大困难往往不是语言本身，针对语言所承载的文化底蕴，我们应坚持"文化传真"的翻译基本原则。无论我们采取何种翻译策略，都应既考虑原文的文化特色，又顾及译作的可读性。文化因素的特殊性和复杂性决定了文化负载词汇在翻译手段上的变通和灵活的特点。既然在文化差异悬殊的两种语言间寻找到完全对应的文化负载词汇几乎是不可能的，那么翻译中势必应采用异化直译和归化意译等方法来相互弥补或调整两种词汇在文化上的差异。

一　把握好归化和异化之间的关系平衡

异化翻译要避免死译、硬译，归化不能走极端。无论我们采取异化法还是归化法，都要把握好平衡关系，即掌握好度。一是语言文化的限度；二是读者接受能力的限度。既不能过分异化硬译，令读者感到头痛，也不能归化意译得荒唐，让读者莫名其妙。也就是说，能异化时尽量异化，但异化行不通时，还得借助归化法，使两者相辅相成、相得益彰。

二　无论异化或归化都要顺应特定语境

同一词语的归化还是异化，跟语用环境密切相关。例如"rob Peter to pay Paul"有"挪东补西"、"挖肉补疮"、"损此利彼"等喻义。但在特定的语境和上下文中就需要异化直译。如"Lord, how should God approve that you rob Peter, and give this robbery to Paul in the name of Christ"（哎呀，上帝怎么能允许你抢劫彼得，又把以耶稣基督的名义抢来的东西给保罗呢！）。彼得和保罗均为《圣经》中的人物，且文中上帝和耶稣带有浓厚的宗教色彩。为了顺应这种语境，此处只有采用直译才能使译文显得前后协调、文理通顺，保持原文的宗教文化色彩。

三　异化或归化要符合文化色彩或形象的需要

翻译的根本任务，是准确而完整地传达原作的"思想"和"风味"，尽量表现出原文的"异国情调"、"再现原文的形象化语言"、"输入新的表现法"。因此，对于原文中有感染力的形象描写或修辞手段，译文应尽量保留原语词汇的民族文化色彩，译者最好采取异化译法，将之直接移植到译文中，这样既能激发读者产生丰富的联想，加深读者对原文的理解，又能为译文增添文采，一定程度上丰富译语的语言表现力。

四　异化或归化要顺应社会发展和读者的接受能力

不同国家和民族文化之间的相互交流和渗透是一个动态过程，在不同的历史时期，人们对异质文化及语言的了解和接受程度不同，对归化和异化的使用自然也不同。追溯中国翻译史从 19 世纪 70 年代到 20 世纪 70 年代，由于中国社会长期处于封闭状态，以及读者接受能力的限制，近百年的外国文学翻译基本上以归化为主。"五四"新文化运动以后以及改革开放以来，中西文化交流日益频繁，如从汉语到英语的异化词：道教（Taoism），功夫（Kungfu），磕头（kowtow），台风（typhoon），饺子（jiaozi）等，由英语到汉语的 logic（逻辑）、Time is money（时间就是金钱）、sour grapes（酸葡萄）、ivory tower（象牙塔）、crocodile tears（鳄鱼的眼泪）等异化词越来越广泛地被人们采用。[①]

第三节　文化负载词的翻译方法

文化负载词的翻译方法可以分为两类：词汇用途分类和翻译技巧分类。

一　词汇用途分类

（一）专有名词的翻译

汉语作为世界上最为复杂、最有想象力的语言，经过千百年来的发展，蕴藏浓重文化背景及历史特点的专有名词举不胜举。汉译英时，往往采取解释性翻译以填补文化空白。

首先，汉语中的人名和地名等专有名词。

如秦始皇这个重要的古代历史人物，如仅译成 Qin Shihuang，几乎没有传递什么信息。不妨运用解释性翻译补充一些信息，以帮助西方读者了解秦皇在中国历史上的重要地位。译为：Qin Shihuang, the first emperor of China who unified the country in the second century B. C. and established an autocratic state with centralized power over the feudal society。

又如地名翻译"广州又称羊城、穗城，是祖国的南大门"。译文：

---

① 袁思源：《浅析文化负载词汇的翻译》，《河南商业高等专科学校学报》2009 年第 3 期。

Guangzhou, also known as Canton, lies in the southern – most part of China, adjacent to Hong Kong and Macao。此地名介绍的翻译中，译者没有拘泥于原文的格式和内容，而是用译文读者已有的背景知识去化解原文中一些文化难点，保证了原文信息的传递。如用西方读者较熟悉的"Canton"替代"羊城"和"穗城"，用西方人熟悉的"Hong Kong and Macao"说明广州的方位。

其次，汉语中具有深厚文化底蕴的事物名词不胜枚举。如蕴含中国文化的民族乐器在英语中没有相应的词汇，所以翻译时应加上必要的解释。

如2008年北京奥运会吉祥物"福娃"的翻译。北京奥组委在倾听各方意见和建议后，最终把福娃的英文译名定为汉语拼音"Fuwa"或"Fu-wa"，并在音译后辅以解释性文字以弘扬我们鲜明的民族文化特征。即：Fuwa, the five mascots of 2008 Beijing Olympic Games. They are Beibei, Jingjing, Huanhuan, Yingying and Ninnin, which mean "Beijing welcomes you" in Chinese。

再次，"压岁钱"也是一个具有鲜明文化色彩的词汇。西方文化中没有与之对等的词语，翻译时亦可音译后予以解释。即：Yasuiqian, money given to children as a Lunar New Year gift。

最后，汉语中不乏带有浓郁文化色彩的概念名词，如政治文化术语。中国读者在阅读这些政治术语和牵涉文化背景知识的固定用语时可启动其背景知识来帮助理解，但不深谙中国文化的一般外国读者缺乏这种背景知识，所以译文应给予补充说明。例如："有些理论家、政治家，拿大帽子吓唬人"译文：Some theorists and politicians try to scare the public by pinning political labels on them。"大帽子"如直译为"big hats"会令人莫明其妙。如改译成 political labels（政治标签）更容易理解，通过添加 pinning on them 来进一步解释，意思也就更清楚了。

（二）缩略语的翻译

中文中有很多内涵丰富，涵盖面广的概括性缩略语，此类词语是词或词组的简略形式，具有地域性强、时代性强、信息量大、简明便捷等特点。它们的使用符合语言经济简约的原则。

改革开放以来，随着我国社会发生的急剧变化，大量新词语应运而生，与之相应的缩略语也层出不穷。缩略语无论是在政治、经济用语中还是在文化生活用语中都大量使用，产生了很强的时代性和民族语义色彩。

缩略语翻译成英语时很容易做到字面上的形式对等，但这种简单的字面对等不能传达缩略语所含的信息，因而不具有可理解性和可接受性。缩略语的理解需要有文化背景知识。从功能对等的角度看，翻译就是译意。翻译策略应以反映深层结构的功能对等为主，而不是反映表层结构的形式对应。如果缩略语只是在上下文使用，或虽为常用语但原文照译不为外国读者理解时，须把缩略语所包含的信息全部表达出来。

如"抓大放小"（to invigorate large enterprises while relaxing control over small ones）；"双学双比"（学文化、学技术、比成绩、比贡献）活动（the campaign of "learning culture and technology, and emulating each other in achievements and contributions"）；农村"三乱"（乱罚款、乱收费、乱征税）（indiscriminate fines, charges and levies in rural areas）。

（三）习语的翻译

汉语中有很多习语来源于形象生动的典故、寓言和神话传说，其文字形式简短浓缩，寥寥数字却内涵精深，外延悠远，例如："三顾茅庐"、"完璧归赵"、"四面楚歌"、"卧薪尝胆"（典故）；"叶公好龙"、"愚公移山"、"刻舟求剑"（寓言）；"夸父追日"、"嫦娥奔月"、"画龙点睛"、"精卫填海"（神话传说）。在不同的文化背景下，如果不对这些典故、寓言、神话传说的深刻寓意加以说明，目的语读者很难体会到博大精深的中国文化中字面背后的深层文化含意或者联想到与此相关的故事。所以，在翻译时，有的可以保留原有形象，再加解释性增补。

例如："负荆请罪"这个文学典故可译为：proffer a birch and ask for a flogging—offer a humble apology。又如"完璧归赵"：return the jade intact to the state of Zhao—return something to its owner in perfect condition。

（四）歇后语的翻译

歇后语是汉语中特有的习语，是劳动人民在生产生活实践中创造出来的一种语言，鲜明生动，活泼谐趣。具有喻意的歇后语可以保留源语形象，再用解释性增补以表现其深层喻意，进行对形象的补充。例如："狗咬吕洞宾——不识好歹"，杨宪益先生将其译作"Like the dog that bit Lv Dongbin——you bite the hand that feeds you"紧紧抓住"狗咬吕洞宾——不识好歹"这个具有中华文化特色的习语，把前一部分译成比喻"Like the dog"，把释义放在后一部分译出"You bite the hand that feeds you"。真可谓比喻部分像原文一样生动，释义部分如原文一样确切，前后相得益彰，民族特色跃然纸上。又如"黄鼠狼给鸡拜年——没安好心"：The weasel goes to pay his respects to the hen—not with the best of intentions。

（五）俗语的翻译

汉语中有许多俗语，即一种具有通俗诙谐形象特点的现成语，翻译时要避开字面，解释其喻义。如汉语的"穿小鞋"若照字面直译成"to put on a pair of little shoes"，英美人会不得要领，所以，需要以释义的方法译出其比喻意义，即比喻背地里打击报复行为或是利用权势让人难堪的做法，译为：to make things hard for somebody。

另外，在运用释义法翻译文化负载词时还要注意分清源语语域，即语言的正式程度，并在目的语中与其保持一致。例如，"傍大款"口语味很浓郁。若译为"find a very rich man"虽然译出了源语的基本意思，但源语的口语色彩被抹杀了。译成"find a sugar daddy"的话，能使目的语与源语的语域保持一致。又如："煲电话粥"译成"shoot the breeze on the phone"比"chat for a long time on the phone"更符合源语语域。①

二　翻译技巧分类

（一）直译

直译是指既能在内容上做到对原文的忠实，也能在形式上力求与原文一致，还能充分反映原文的风格和意味的译法。直译能够比较完整地保留原习语的比喻形象、民族色彩和语言风格。直译分全译和部分译，但直译必须以不引起读者误解和不违背译文表达习惯为前提。例如：

走后门 go through the back door

希望工程 the project of Hope

百花齐放 let a hundred flowers bloom

四项基本原则 the four cardinal principles

豆腐渣工程 bean curd projects

菜篮子工程 vegetable basket project

跑了和尚跑不了庙 The monk may runaway, but the temple can't run with him

---

① 李丽敏：《从文化视角看翻译中文化负载词汇的汉译英》，《洛阳师范学院学报》2009 年第 6 期。

竹篮打水一场空 drawing water in a bamboo basket

一切反动派都是纸老虎 All reactionaries are paper tigers

(二) 意译

中文读者因为同原文作者具有相同的文化预设，所以能够通过词的表面形式去理解交际信息的全部内容，而英语读者通常不熟悉中国文化，会按照自己的文化预设理解译文词汇，产生的联想也是不同的，甚至可能误解原文。因此在翻译此类词汇时，译文必须改变形式，以表达或补充与原语内涵相关的信息。例如：

胡同 a passage between houses

矮子里拔将军 Choose the best person from the people left

戴着斗笠亲嘴，差着一帽子。It's like kissing in straw helmets – the lips are far apart!

(三) 音译

音译法是指用音位为单位在译文中保留原文的发音以便突出原文主要语音功能的翻译方法。音译法常用于在英语文化中找不到而只在汉语文化中所特有的词汇。汉英文化差异给文化负载词的翻译带来了困难，汉语中的很多词汇无法在英语中找到形式和内容完全对应或者类似的表达，这时可以把原语里的词汇直接音译过去。音译的词经过长期而广泛地使用，会逐渐融入英语文化中，丰富英语词汇，有利于不同文化的交流和语言的融合。

音译法是一种直接向英语读者介绍民族特色词汇最有效的方法，它能原封不动地传达民族文化特有的原汁原味。它的认可是建立在时间和多数人频繁使用的基础上，久而久之，这些音译词就被定型了。当然，它们的深层文化含义会被当作一种定律，在开始接触时随着音译词在异语读者的脑海中扎根。这些词的使用就如同我们已接受的外来词"肯德基"、"麦当劳"、"可乐"、"VCD"等一样，见多了就习惯了。例如：

儒教 Confucianism	饺子 jiaozi
道教 Taoism	衙门 yamen

功夫 kungfu　　　　　　　　磕头 kowtow

阴 ying　　　　　　　　　　武术 wushu

阳 yang　　　　　　　　　　炒杂碎 chop – suey

气功 qigong　　　　　　　　馄饨 huntun

（四）注释性翻译

在翻译民族文化内涵特别丰富的一些词语时，需采用释义策略，说明该词的含义，以使译文读者了解源语独特的文化现象。在运用释义法翻译文化负载词时还要注意分清源语语域，并在目的语中与其保持一致。语域是指在特定的语言环境中使用的有一定语言特征的语言变体。简言之，就是指语言的正式程度。但是，音译只取其音、不取其义，虽然能让读者从语音上准确地接受，可是译文却成了完全的记音符号，原词的内部意义和文化意象完全消失，成了一种空壳。对于这种情况，在音译之后如果辅以一定的解释，则形式和内容可以得到有效统一。例如：

①"三个代表" Three Represents（to represents the trend of the development of advanced production forces，to represent the orientation of advanced culture and to represent the fundamental interests of the overwhelming majority of the people in China）

②"抓周"是我国古代的一种风俗，小孩周岁时家长陈列各种玩具和生活用具任他抓取，来预测他将来的职业和志向。这是中国人独有的民俗习惯，蕴含着"生死在天，富贵由命"的儒家思想。在西方并无此风俗，因此英语中也没有与"抓周"相对应的词语。翻译时就应该采用释义的方法，把这种风俗习惯解释清楚，使译文读者能理解其文化内涵。译为：When a child is one year old，he or she is told by his or her parents to choose one thing among many others such as books，money，abacus，needle and thread to predict his or her ambition and future career.

③"本命年"这一词汇也是具有丰富的民族文化内涵。它是按照十二生肖属相循环往复推算出来的，与十二生肖紧密相连。一个人出生的那年是农历什么年，那么以后每到这一属相年便是此人的本命年，而在西方民族文化中没有以动物配属人的出生年份这一习

俗，因此在翻译这个词汇的时候也要运用释义法，说明其内涵。
译为：Chinese traditionally use 12 animals to symbolize the year in which a person is born. For example, somebody was born in the Year of Rooster. He or she will have the rooster as his or her life symbol. All other years of the rooster, according to an old Chinese saying, become either good – or – bad – luck years.

（五）替换

替换指在保留原文意义的基础上，用译语中某个指代意义不同但比喻意义相近的词语代换原文词语的方法，即用译入语中带有文化色彩的词语取代源语中带有文化色彩的词语。英语和汉语是两种截然不同的语言，两者之间所反映出的文化差异构成了交际的障碍。如何克服障碍取得文化对等就成为翻译要解决的难题之一。实践证明，在绝大多数情况下可以找到能为译入语读者接受的文化对等的翻译方法。通过各种必要的变通手段，至少可以做到语用上的对等。例如：

当电灯泡 play gooseberry
过河拆桥 kick down the ladder
昙花一现 a flash in the pan
开夜车 burn the midnight oil
背水一战 fight with one's back against the wall
马后炮 mustard after dinner
耳边风 water off a duck S back
酒肉朋友 fair weather friend
钻牛角尖 split hairs
低声下气 pocket one's pride

第十三章 动物词语的翻译

汉语和英语是不同语系的语言。汉英民族是两个不同类型的民族，在社会长期发展过程中逐渐形成了独具特色的民族文化。他们对动物的联想有时一致，有时则有天壤之别。因此，汉英语动物词语的文化内涵也在各自民族文化的影响下有同有异。

第一节 动物词语概述

一 动物词语的定义

动物词语就是人类在各自的生活中，充分发挥想象力，使动物在人类的语言中扮演着丰富角色。不同民族的语言赋予动物的含义大相径庭，动物丰富了人类的语言，也折射出各个民族不同的文化背景。我们通过对动物习语的比较，使我们更多地理解不同民族的语言意义和文化意义，了解中西文化的差异，使我们在学习和交流中获得更加丰富的语言，有助于我们顺利交流。

二 汉英动物词语的对应种类

（一）完全对应

不同国家和民族，虽然生活方式、文化背景不同，但由于某些动物的共同体形特征、生活特征或行为习性，人们在表达某一语义时，两种语言会借用同一动物名称。

任何一种语言与其他语言相比，都有其众相同的一面，这是人类交流的基础，离开了这个基础，交际就无法进行。另外，由于受民族文化特殊性的影响，它又有自己特有的与众不同的表达方式。汉英民族的思维方式、信仰、民俗风情以及生活环境有相同或相似之处，但也有较大的出入。它们对动物的看法和联想也基本如此。汉英语言中的确存在这些在语义表达和文化内涵上具有对等性的动物词语，它们有着同样的比喻、象征和联想意义。例如：

　　　像泥鳅一样圆滑 as slippery as an eel
　　　健壮 as strong as a horse
　　　纸老虎 a paper tiger
　　　鸟瞰 a bird's view
　　　黑马 dark horse
　　　丑小鸭 an ugly duck
　　　牛市 bull market
　　　积极工作的人 a willing horse
　　　潜伏在内部的敌人 a Trojan horse
　　　浑水摸鱼 a fish in troubled water
　　　胆小如鼠 as timid as a mouse
　　　像蜜蜂一样忙碌 as busy as a bee
　　　狼吞虎咽 wolf down
　　　狗咬狗 a case of dog eat dog
　　　狼子野心 to be a wolf with a savage heart
　　　狼心狗肺 to be ferocious and diabolical in nature as a wolf
　　　披着羊皮的狼 a wolf in sheep's clothing
　　　狼吞虎咽 wolf something down

（二）部分对应

　　部分对应是指在表达同一语义时，不同语言会使用不同的动物名称。一种语言中有关动物的习俗语、成语、谚语表达相同语义时，在另一种语言里会变为借用其他动物名称的词语。但两种语言在表达同一语义都借助了动物名称，因而在表达形式上是部分对等的。汉英动物词语都有一词多义的现象，汉语中多数的动物词语的词义与英语的对应词义的范围不是完全吻合的，也就是说，这些词语只有部分对应，而另外的部分则是不对应的。例如：

　　　牛饮 drink like a fish

吹牛 talk horse

落汤鸡 like a drowned rat

骑虎难下 have /hold a wolf by the ears

杀鸡儆猴 beat the dog before the lion

猴年马月 donkey's years

对牛弹琴 cast / throw pearl before swine

猛虎般雄伟 majestic as a lion

过着牛马般的生活 lead a dog's life

急得像热锅上的蚂蚁 like a cat on hot bricks

（三）完全不对应

汉英语动物词语都有各自丰富的内涵，这些内涵相差较大但又不是完全相反。由于民族差异的存在和对动物的认识角度不同，人类对动物属性的联想也有较大的差别，有时甚至会完全相反。不同民族的思维方式、生活方式、对事物的看法以及信仰不同，在发展过程中，逐步形成了自己独特的文化，这些文化是特有的，是其他民族所没有或不存在的。

比如说汉语的麒麟，这是一种传说中的仁兽，与龙一样，麒麟也是集各种鸟兽于一体的神异动物，麒麟是吉祥的象征。传说求拜麒麟可生育得子。汉语民族这种对动物的独特的联想在英语文化中是不存在的。例如：

叛徒 a cat in pan

拍马屁 lick somebody's boots

蜻蜓点水 scratch the surface

黔驴技穷 at one's wit's/at the end of one's rope

马到成功 immediate success upon arrival

虎头虎脑 naive and healthy

本末倒置 put the cart before the horse

亏本出售 sell one's hens on a rainy day

行动粗暴 play the bea

情绪恶劣、动不动发火 like a bear with a sore head

很稀少 as scarce as hen's teeth

灾祸降临 The black ox has trod on somebody's foot

他是个数学天才 He is a bear at math

第二节　动物词语翻译的策略

　　动物意象的翻译，不仅牵涉简单的语言上的因素，而且牵涉更为复杂的民族、社会、文化等因素。正如万昌盛所指出："语言是文化的载体，文化铸定了一个民族的思维、气质、道德价值、行为规范、语言习俗和生活方式，在翻译过程中，我们如果忽视了这一点，那么，译文难免不出败笔。或一味硬译死译，或牵强附会，词不达意。"①

　　张培基先生曾指出，习语翻译中要警惕两种形式主义偏向：①对习语进行逐字逐句的死译。②滥用英语中的同义习语来翻译汉语中的习语。第一种情况往往不是损害原文的思想，就是损害译文语言的正确性或者两者都损害，结果使人误解原文的意思或译文根本使人看不懂。第二种情况往往忽略原文的民族和文化特色，破坏了原文的民族形式。②

　　动物词语属于习语的范畴，翻译时为杜绝以上两种形式主义偏向，应该注意做到以下几点：

一　切勿望文生义

　　中英文有的动物习语看似完全对等，但内涵有偏差，有的甚至语意完全相反。例如：a big fish in small pond，看上去像是"塘小容不下大鱼；小笼装不住大鸟"的意思，实际上是"山中无老虎，猴子称大王"；"林中无鸟，雀为王"之意，与汉语意思截然相反。再如 lock the stable door after the horse has bolted 与替换译文"亡羊补牢"比较，英文强调了"为时已晚"，而汉语是"犹未为晚"之意，二者语意一正一反，截然不同。其他诸如此类的还有：

　　　　not a dog's chance 指毫无机会

---

① 万昌盛：《色彩的困惑》，《中国翻译》1991 年第 3 期。
② 张培基：《习语汉译英研究》，商务印书馆 1979 年版，第 36—481 页。

egghead 指知识分子

a white elephant 贵而无用的东西

lion 有时指社交场合的宠儿、名流

have a bee in one's bonnet 是一心挂念

make a bee-line 为抄近路等。

二　把握语言的时代背景

随着中英文化之间不断互相融合，我们不能以静止的眼光看待语言的内涵。由于英语中 dragon 只是个凶恶的猛兽。但是随着我国经济实力的增强，国际地位的提高与我国民族文化的大力弘扬，世界上越来越多的人认同了 dragon 在中国的特殊含义。最近中国著名功夫片明星李连杰 2001 年新作《龙之吻》就取名为 *Kiss of The Dragon*，在欧美大为卖座。由著名导演李安导演，周润发、杨紫琼、章子怡主演的 *Crouching Tiger, Hidden Dragon*（《卧虎藏龙》）获得了 2001 年奥斯卡最佳外语片桂冠，并创下全球非英语片卖座纪录，全世界的人都对龙有了更深的理解。

三　关注新词汇的出现

随着我国经济不断增长，产生了许多新的动物习语，这类习语一般都有特定文化内涵，不能直译，最好意译，如：

网虫 net worm

鼠标 mouse

油老虎 gas guzzler

千年虫 the millennium bug

炒鱿鱼 dismiss, sack people

鸳鸯座 double seat for lovers

油耗子 illegal dealer in petroleum products

借鸡下蛋 to employ foreign technology or capital to speed up one's own development

孔雀东南飞 a move to the prosperous southeastern regions（由于我国东南地区首先富起来，又有了新的含义）

第三节　动物词语的翻译方法

一　直译

一般说来，使用一种语言表达某种思想时，为了使语言更加形象、生动并富于感染力，原作者常采用比喻或其他手段。直译既能保存原文的形式又能保存原文的比喻，达到与原文近似的语言效果。当原文的词汇意义、句法结构、文体风格与本族语的风格一致或大体相似时，通常就采用直译法。由于大多数动物习语采用生动形象的比喻，只要不影响译文读者的理解，我们尽可能使用直译的方法。例如：

蠢驴 stupid ass

呆鹅 a stupid as a goose

纸老虎 paper tiger

肥得像猪 as fat as a pig

引狼入室 to head a wolf into a house

轻如鸿毛 as light as a feather

井底之蛙 The frog in the well

捅马蜂窝 stir upa hornet's nest

马有失蹄 a horse may stumble on four feet

鹦鹉学舌 to parrot what other people say

猫捉老鼠游戏 Play cat and mouse

像驴一样强犟 as stubborn as an ass

拿某人当猴耍 make a monkey out of somebody

狐狸的尾巴藏不住 A fox cannot hide its tail

过街老鼠人人喊打 A rat crossing the street is chased by all

一朝遭蛇咬，三年怕草绳 He who is bitten by a serpent dreads rope

不入虎穴，焉得虎子 If you don't enter a tiger's den, you can't get his cubs

二　意译

意译指的是只保持原文内容，不保持原文形式的翻译方法或翻译文字。

译文的动物习语与原文在许多情况下并不用同样的表达形式来体现同样的内容，更谈不上产生同样的效果，在这种情况下，一般采用意译较好。由于文化对语言的影响，有些动物习语看似简单，可是如分辨不清，或想当然地去翻译就会落入圈套，意思可能大相径庭。采用意译法可以更多地体现了翻译的技巧性和艺术性，从读者的角度来说，虽然不能完全符合民族文化，但更能被接受。这类只能意译的习语相当多，由于出自不同的语言，其差异自然难免，关键是要找到能为目标语文化所理解和接受的表达方式。① 例如：

牛饮 to drink like a fish

牛刀小试 to display only a small part of one's talent

望子成龙 to hope that one's own son will become somebody

执牛耳者 take the bull by the horns

养虎为患 to warm/cherish a snake in one's bosom

缘木求鱼 to milk the bull/ram

瓮中之鳖 Like a rat in a hole

衣着肮脏的 like something the cat has brought in

放下臭架子 get down off one's high horse

狗眼看人低 to judge people by wealth and power

鹬蚌相争，渔人得利 Two dogs fight/strive for a bone, and a third runs away with it

他结婚了，太太是个母老虎 He was married and has a lioness at home

狼行千里吃肉，狗走千里吃屎 The leopard can't change its spots, you'll always be useless!

三　替换

替换指的是在保留原文文化意义的前提下，用译文中某个概念意义不同但文化意义相同或相似的词语替换原文的词语。换译主要针对在原文字面不能传达原文文化意义的情况下采用的一种变通的手法。翻译时，为了把原文的文化意义表现出来，符合译文的行文习惯和表达上的需要，须换

---

① 林惠英：《中英动物习语的比较及翻译》，《湖南工业职业技术学院学报》2013 年第 2 期。

用符合译语习惯的词语来代替原词。①

中英文中不同的动物在习语中由于某方面的共性，可以替换翻译，这是由于双方所处地理环境、风俗习惯等不同，相同的喻义被赋予到不同的动物的身上，产生的习语在对方看来往往是张冠李戴，如果直译就可能会指鹿为马。② 例如：

拦路虎 a lion in the way/path

公鸭嗓子 as hoarse as a crow

胆小如鼠 as timid as a hare

鸡皮疙瘩 goose – flesh

狐假虎威 ass in the lion's skin

非驴非马 neither fish, nor flesh, nor fowl

如鱼得水 to like a duck to water

杀鸡给猴看 to beat the dog before the lion

杀鸡取卵 to kill the goose that lays the golden eggs

狗是百步王，只在门前狠。Every cock crows on its own dunghill.

鱼与熊掌不可兼得 Cannot sell the cow and drink the milk

宁为鸡头，不为凤尾 Better be the head of a dog than a tail of a lion

鹬蚌相争，渔人得利。When shepherds quarrel, the wolf has a winning game.

法国人性格是虎恶狐狡，兼而有之。There is a mixture of the tiger and the ape in the character of a Frenchman.

四　直译加注释

基于翻译中的忠实原则，在翻译中要尽最大可能保留原文中的民族意象和文化特征。翻译的基本目的是实现跨文化交流，因此，译者的主要任务之一就是帮助读者在读原语时熟悉一种外国文化——通过给译入语读者相似的原语读者的意象和想象。众所周知，一篇文章的奇特文化氛围是由它明确的意象表达的，而带有动物词的比喻意象因其强烈的民族特色而显

---

① 吴汉周：《汉英动物词语的文化内涵及其翻译策略》，《钦州学院学报》2008 年第 10 期。

② 庄国卫：《中英动物习语文化内涵比较与翻译》，《盐城师范学院学报》（人文社会科学版）2005 年第 11 期。

得更加鲜明。基于这个原因，在翻译时必须应采取一切可能的手段来重现原语习语中的比喻意象，而不是简单地用译入语的意象来替换，甚至干脆删除不译。处理这种情况的有效方法是直译加注。例如：①

他是一个跑龙套的。He is only a person who runs through the steps of the dragon – play a bit role.

你有的是力气，可那是未经训练的功夫。You have strength, it is untutored strength. Like a bull in a china shop, He suggested and won a smile.

叶公好龙 Lord Ye's love of dragon

Note：Lord Ye was so fond of dragons that he adorned his palace with drawing and carvings of them. But when a real dragon heard of his infatuation and paid him a visit, he was frightened out of his wits.

守株待兔 To watch the stump and wait for a hare

Note：There is a story of a person who, seeing a hare run and head long against a tree – stump and break its neck, abandoned his plough and waited by the stump in the hope that another hare would do the same thing.

第四节　一些典型动物词语的翻译

一　龙

Dragon 在中西两种语言中的语言意义都是"龙"的意思。但文化意义却各不相同。在西方，dragon（龙）是一种嘴中喷火，凶残可怕的怪物，是罪恶的象征。在基督教美术中 dragon 总是代表邪恶。一些圣徒，如麦克尔、圣乔治等都以杀死 dragon 为其业绩。Dragon 比喻凶暴的人，the old dragon 是指魔鬼，dragon's teeth 指相互争斗的根源。但"龙"在中国古代是一个图腾形象，在封建时代是皇帝的象征，中国人对"龙"怀有至高无上的尊重。中国人自称是"龙的传人"。在汉语中，"龙"总是用于好的意思，例如龙凤指才能优异的人，龙虎喻豪杰之士。在许多成语

---

① 蔡薇：《动物习语的几种翻译方法》，《山西农业大学学报》2007 年第 5 期。

中有"龙"这个词，如龙飞凤舞，龙凤呈祥，生龙活虎，攀龙附凤，藏龙卧虎，虎踞龙盘等。

注意："龙凤胎"不能译成：A baby dragon and a baby phoenix，那样很容易让西方人误解，甚至大为吃惊，感到不可思议。正确的译文应该是：Twins，a boy and a girl，"望子成龙"如果译成 Expect one's son to become a dragon，就会让西方人理解成：中国的父母期望他们的子女成为"恶魔"。所以，我们应该深入了解中西方文化的差异，避免误解。正确的译文应该是：Expect one's son to become a personage（重要人物）。①

二　狮

英语中 lion（狮子）是百兽之王，是"勇敢、有势力、威严"的象征，英国人以 lion 作为自己国家的象征。The British Lion 就是英国的别称。Twist the lion's tail 常用于指美国政论家的言论触犯英国。英语中有许多与 lion 有关的习语，如 the lion's mouth（虎穴，极危险处），beard the lion in his den（深入虎穴，太岁头上动土，摸老虎屁股），a lion in the way（拦路虎）。"a literary lion"是指文学界的名人，还用来表示伦敦的名胜。"the lion's share"译成最大的份额。"To beard the lion in his den"是在太岁头上动土之意。

三　蝙蝠

在西方，bat（蝙蝠）是不吉祥物的代名词，人们认为它是一种邪恶的动物。总是把它与罪恶和黑暗势力联系在一起，与之有关的一些习语也大都表示贬义。英语中有 as blind as bat（瞎得跟蝙蝠一样，有眼无珠），have bats in the belfry（发痴，异想天开）等坏的联想和比喻。在汉语中，蝙蝠的形象与西方完全不同。因"蝠"与"福"谐音，蝙蝠被认为是幸福吉祥的象征。民间有许多图案采用蝙蝠以表示吉利。而红蝙蝠则是大吉大利的前兆，因为"红蝠"与"洪福"谐音。

四　孔雀

Peacock 在英语中除了"孔雀"的意思外，还有"爱炫耀自己的人，虚荣的人"的意思，基本上是贬义，它不强调孔雀美丽的一面，而强调骄傲的一面，英语中有 the young peacock（年轻狂妄的家伙）、proud as a peacock（非常高傲）等用法。而 peacock（孔雀）在中国文化中是美丽

---

① 鞠秀梅：《汉英语言中动物词语的文化差异与翻译》，《现代阅读》2012 年第 10 期。

的，是吉祥的象征，人们认为孔雀开屏是大吉大利的事。

五　凤凰

在西方神话中，phoenix（凤凰）与"复活"、"再生"有关。传说凤凰生存五六百年，筑一个香巢，唱一支挽歌，用翅膀扇火，将自己烧为灰烬，然后从灰烬中又诞生一只新的 phoenix，鲜美异常，不再死。因此，在英语中 phoenix 指完人、十分优秀的人、尽善尽美的模范。在中国传说中，凤凰是一种神异的动物，是百鸟之王，故有"百鸟朝凤"之说。凤凰的出现预示着天下太平，又有"龙凤呈祥"之说。

六　猫头鹰

英语中，owl（猫头鹰）是表示"智慧"的鸟，成语 as wise as an owl 即是一例。owlish 则用来形容聪明、机敏、严肃。To send owls to Athens 意思是多此一举，因为在希腊雅典有大量的猫头鹰，猫头鹰成了雅典的标志。然而，在汉语中猫头鹰的形象就不同了。很多人认为猫头鹰与前兆迷信有关，由于它在夜间活动，鸣声凄厉，因此人们把它的叫声与死人相联系，怕看到它或听到它的叫声，以为碰上它要倒霉。"夜猫子（猫头鹰）进宅"意味着厄运将至。

七　猫

在汉语中猫是温柔、懒散的动物，没有褒贬之分，虽然有人用来形容嘴馋的人为"馋猫"，也是戏称。有些人称狗为忠臣，视猫为奸臣，尽管如此，许多人仍将猫当作宠物来豢养，足见其可爱之处。然而在英语中，猫是具有贬义的词汇，专指恶毒、心狠的人。如果说"She is a cat"不能译成"她是只猫"，正确的译文应该是"她是个包藏祸心的女人或她是个地道的长舌妇"。一字之差，谬之千里，由此，掌握汉英动物词语的文化差异是准确翻译的前提。

下面是与猫有关的谚语，但是译文中"cat"的已经失去了"猫"的意义。① 例如：

吉人天相 A cat has nine lives

雨下得很大 It rains cats and dogs

知人知面不知心 Cats hide their claws

---

① 鞠秀梅：《汉英语言中动物词语的文化差异与翻译》，《现代阅读》2012 年第 10 期。

像热锅上的蚂蚁 Like a cat on hot bricks

说走了嘴、泄密 Let the cat out of the bag

过着争吵不和的生活 Lead a cat and a dog life

像热锅上的蚂蚁或如坐针毡 He is like a cat on hot bricks

八 马

说汉语和英语的人都喜爱马，马是勤劳、勇敢、可靠等品质的象征，大都含褒义之意。英语中的马多为中性词。例如：

吹牛 Talk horse

第一手的 From the horse's mouth

拼命干活 work like horse

确凿可靠 from the horse's mouth

换领导班子 Change horse

好马总有失蹄 It's a good horse that never stumbles

一言既出，驷马难追 A word spoken is past recalling

人善被人欺，马善被人骑 All lay load on the willing horse

九 狗

Dog（狗），在英语中有 Man's best friend（人类最好的朋友）的美誉，认为狗忠实、可靠、勇敢、聪明，西方人宠爱狗具有：Love me, love my dog（爱我，爱我的狗）的说法。还有许多与狗相关的习语有：幸运者（lucky dog）；大人物（big dog）；人人皆有得意之时（Every dog has its day）等。但在汉民族的心里，狗的形象总体上是卑贱的，因此在汉语中，狗经常作为"卑鄙丑恶"的代名词，如：狗仗人势（be a bully with the backing of a powerful person）；狗眼看人低（be a bloody snob）等。①

---

① 林惠英：《中英动物习语的比较及翻译》，《湖南工业职业技术学院学报》2013 年第 2 期。

第十四章　缩略词的翻译

第一节　缩略词概述

一　缩略词的定义

缩略语，又称简缩词语，是为了表达得简洁明快，将较长的词或短语进行简缩，形成一个短小的词或短语，这个短小的词或短语称为缩略语。缩略语赖以产生的原词或短语称为原式。

从定义上看，汉英缩略语非常相似，都是从较长的词或短语简缩而来的较短的词或短语。实际上，由于汉英两种语言属于完全不同的语系（汉语属于汉藏语系，英语属于印欧语系），因此汉英缩略语不仅在简缩方式上，而且在很多其他方面都是截然不同的。汉英两种缩略语在简缩方式上完全不同。英语属于拼音文字，拼音文字的语言在其对词语进行简缩时，往往采取首字母缩略法，即用各词的第一个字母组成新词的方法。汉语属于表意文字，个体汉字多是表意词素，因此对汉语词语或短语不能采取如英语单词或短语一样的缩略方法，而是采取将原式划分成不同的语义组合段，从语义组合段中抽取具有代表性的字组成缩略语。①

二　缩略词的分类

汉语缩略词就其使用频率和词化程度而言，可以分为四类：

（一）完全词化的缩略语

这类缩略语长期通用、约定俗成、固定为词汇的部分。它们不仅能完全脱离原形式自由使用，而且人们已不把它们和原形式联系起来，甚至忘

---

① 骆明琼：《浅议汉英缩略语的对比与翻译》，《民族翻译》2008 年第 1 期。

记了原形式，有一部分还有构成新词的能力，如初中、高中、彩电、节能、调研、空调等，其中，"初中"可以构成"初中生"、"初中部"等。

（二）半词化的缩略语

这类缩略语没有完全词化，使用时往往要参照原形式。这是由于该缩略语所指事物在人们的交际中使用还不十分普遍，或使用时间还不够长，如国企、外企、乡企等。

（三）临时性缩略语

这类缩略语在书面上不能单独使用，必须依赖原形式，在原形式十分明确的情况下由于行文需要而临时简缩的，离开这一特定语境，这个简缩形式就不能成立了。它们或者表义含混，不具有区别性，或者所指事物在日常交际中少用。

（四）转义型缩略语

这类缩略语失去了原有的所指对象，由实指变为虚指，成为一般词语。例如：汉语中的"三教九流"，原来所指的三教是：儒教、佛教、道教；九流是：儒家、道家、阴阳家、法家、名家、墨家、纵横家、杂家、农家，现在"三教九流"用以泛指各色人物、各种行当、各种流派，不再是严格意义上的缩略语。这类缩略语往往是数字式略语，一般由四字组成，在现代汉语中作成语使用。

从缩略语的发展过程看，除了第一种类型外，大多数使用时间不长，便从通用词语中消失了，或者成为历史用语。①

三　缩略词的生成渠道

（一）混合、缩合生成

即从每个词语中提取有代表性的语素，该语素可以是原词语的第一个或最后一个语素。如：博士生导师——博导，海外归国人员——海归，欧洲经济共同体——欧共体，人民警察——民警，生育年龄——育龄，科学研究——科研，申办奥林匹克运动会——申奥。对于有相同语素的词语，一种方法是只抽取其不同的语素，略去其相同的成分。如：数学、物理、化学——数理化，海军、陆军、空军——海陆空，德育、智育、体育——德智体，农业、林业、畜牧业、副业、渔业——农林牧副渔。另一种则是保留其重复的语素。如：文科、理科——文理科，动物植物——动植物，

---

① 曾剑平：《汉语缩略语及其翻译》，《中国科技翻译》2003 年第 5 期。

马克思主义、列宁主义——马列主义，工业、商业——工商业，节日、假日——节假日。汉语中还存在少量由改变语序的语素或词语构成的缩略语。如：防治血吸虫病领导小组——血防领导小组，自动电压调整器——调压器。

（二）裁减生成

即节略原词的开始或末尾部分。如：笔记本电脑——笔记本（本儿）；清华大学——清华；禽流行性感冒——禽流感，中国工农红军——红军，飞机票——机票，复旦大学——复旦，省直属机关——省直，电子计算机化工作——计算机化，传染性非典型性肺炎——非典。

（三）替代生成

替代法有两种形式。其一是用一个表面上似乎与原词语没有联系的词语替代原有表示地点的词。如：上海——沪，南京——宁。其二是用与原词语表示地区、国家、城市或铁路、公路等相关的缩短词替代原词。如：陕西——陕，宾夕法尼亚州——宾州，苏维埃社会主义共和国联盟——苏联。

（四）数字归纳生成

数字缩略语是几个词、词组、短句在构成上有相同的成分，并且包含着共同性含义的语言形式的简缩形式。我们可以进一步把其归类为3种类型：

1. 以词语为基础的归纳法

即提取首词或末词或每个词项的共有语素外加数字表示。如：

　　讲学习、讲政治、讲正气——三讲

　　心灵美、行为美、语言美、环境美——四美

　　与群众同吃、同住、同劳动、同商量、把政策通到底——四同一通

2. 以意义为基础的归纳法

即数字外加联语中能表明共同含义的成分。如：

　　以经济建设为中心，坚持四项基本原则，坚持改革开放——一个中心两个基本点

3. 修辞辅助归纳法

指利用比喻等修辞手段外加数字的缩略法。如：

王、张、江、姚——四害

帝国主义、封建主义、官僚资本主义——三座大山

梅、兰、竹、菊——四君子

中国台湾、韩国、新加坡、中国香港——四小龙①

第二节　缩略词的翻译

一　直译法

汉语中许多双音节缩略语，其原式本身就是对某一事物的指称，对于这类指称性缩略语，我们可以采用直译的方法，将其直接译为英语中对应的单词或短语。例如：

家电——家用电器（household apparatus）

空姐——空中小姐（stewardess）

港姐——香港小姐（Miss Hong Kong）

超市——超级市场（supermarket）

公厕——公共厕所（restroom）

如果缩略语为外国读者熟悉，成为通用语，甚至收入英语辞书中，为了给外国读者更加直观的印象，我们可以采用直译加注法，这样既保留了缩略语的形式又解释了缩略语的内容。例如：

双赢（win - win）

四化（four modernizations）

三国（Three Kingdoms）

---

① 肖云萍：《汉语缩略语的构成及其英译》，《黎明职业大学学报》2003 年第 6 期。

四人帮（the Gang of Four）

一国两制（one country，two systems）

三民主义（three principles of the people）

三反运动（three - anti campaign）

和平共处五项原则（the five principles of peaceful coexistence）

二　意译法

直译具有一定的局限性。例如译文有时冗长啰唆，晦涩难懂，有时不能正确传达原文意义，有时甚至事与愿违。所以，如果不顾场合条件，不顾中外两种语言的差异，一味追求直译，就必然闯红灯，进入误区，造成误译。译者在考虑将原语语言文化移植到译语语言文化的同时也应该考虑译语读者的心理和接受能力。一味注重忠实原文而忽视译语读者的心理和接受能力，往往会得到适得其反、事倍功半的结果。因此，在适当情况下采用意译也是很有必要的。例如：

三陪 escort service

笑星 outstanding crosstalk actors

商检人员 commodity inspectors

草原在沙化 grasslands are getting sandy

省优产品 the provincial - level standard product of quality

那个工厂生产市场热销冰箱。

The factory produces refrigerators that sell well in the market.

每次扫黄运动，书摊总是首当其冲。

In every anti - pornography campaign, bookstalls are always the first to be affected.

三　解释法

缩略语的理解需要有文化背景知识。功能对等论者认为，翻译就是译意。翻译策略应以反映深层结构的功能对等为主，而不是反映表层结构的形式对应。如果缩略语只是在上下文使用，或虽为常用语但原文照译却不为外国读者理解时，则须把缩略语所包含的信息全部表达出来。解释性翻译的缺陷是不经济，当一篇文章中数次出现这个缩略语时，每次要重复冗长的结构，显得很累赘。例如：

①为了支持社会保障制度改革，做好"两个确保"工作，2003 年中央财政将继续增加用于社会保障方面的资金。Funding for social security has again been increased in central budget for2005 to support reform system and ensure adequate funds used to pay living allowances for workers laid off from state – owned enterprises and pension benefits for retirees from state – owned enterprises in full and on time. （"两个确保"指：确保国有企业下岗职工基本生活费用和企业退休人员基本养老金按时足额发放。）

②"三来一补"如只按汉语缩略语直译成"three processing industries and one compensation"的话，外国人固然看不懂，就连中国的非行内人士也不一定弄清它指的是"来料加工，来料装配和来样加工，补偿贸易"所以，初译时要解释成"processing raw materials on client's demands, assembling parts for the client, processing according to the client's samples and compensation trade in foreign trade business"。

③"刊大"译成"a way of teaching with courses of higher education given through periodicals"。①

④不能养活自己的老人，要么住养老院，要么自己独居，他们却享有集体提供的"五保"。Those who cannot support themselves either stay in special home for the elderly, or live by themselves, but all are provided with food, clothing, care lodging and burial expenses by the collective.

⑤总的来说，中国人的道德则是中国几个世纪的美德和封建社会"三纲五常"的伦理道德的混合。Generally speaking, the moral principles of the Chinese are a mixture of the virtues of the Chinese nation, developed over centuries and the feudal ethical code such as the "three cardinal guides", that is ruler guides subject, father guides son, and husband guides wife, and the "five constant virtues", name-

①　孙杰：《汉英缩略语的构成和翻译比较》，《和田师范专科学校学报》（汉文综合版）2006 年第 6 期。

ly, benevolence, righteousness, propriety, wisdom and fidelity.

⑥在解决台湾问题上，我们仍然主张"一个国家，两种制度"的原则。To solve the problem of Taiwan, we still stand for the principle of "one country and two systems", which refers to "with the restriction of China as only one country, the Chinese mainland carries out system of socialism and Taiwan may be permitted to implement the system of capitalism".

⑦近年来，在各级政府和有关组织的支持下和带动下，农村贫困地区妇女积极参加"双学双比"活动。In the past few years, led and encouraged by governments and organizations, women in poor rural areas have taken an active part in the campaign of "learning culture and technology and emulating each other in achievements and contributions".

四　首字母展开法

把汉语中一些重要的机构或者专有名词翻译成英语，再把每个单词的第一个字母按照英语的习惯提出来，组成缩略词。例如：

中共 CPC（Communist Party of China）

人大 NPC（the National People's Congress）

政协 CPPCC（the Chinese People's Consultative Conference）

民航总局 CAAC（Civil Aviation Administration of China）

中华人民共和国 PRC（People's Republic of China）

温州医科大学 WMU（Wenzhou Medical University）

五　增补译法

指根据英汉两种语言不同的思维方式、语言习惯和表达方式，在翻译时增添一些词、短句或句子，以便更准确地表达出原文所包含的意义。这种方式多半用在汉译英里。在汉译英时还要注意增补一些原文中暗含而没有明言的词语和一些概括性、注释性的词语，以确保译文意思的完整。总之，通过增译，一是保证译文语法结构的完整，二是保证译文意思的明确。① 例如当提及中国很多知名大学时往往省略"大学"二字，而直呼其之前的成分，如"清华"、"同济"、"复旦"等，译者在翻译时必须补上 university，即 Qinghua University，Tongji University，Fudan University。跨文化意识更强的译者还会加上一些背景知识，如 Qinghua University，China's top - ranked university in its capital city Beijing；Tongji University one of China's best universities in Shanghai；Fudan University，one of China's most reverend universities in Shanghai。

再看下面例子：

农转非——由农村户口转为城市户口：change rural residence ship into urban residence ship.

关停并转——（对亏损国有企业采取）关闭、停产整顿、合并和转产：close down，suspend operation，merge with others or shift to a different line of production.

严打斗争——（依法从严、从重、从快地）打击各种刑事犯罪活动：（of the police）launch a crackdown war on all forms of criminal activities.

抓大放小——（集中力量重点抓好大型国有企业的重组改革工作，放开或搞活小型国有企业，让它们在市场竞争中自谋生路）：manage large enterprises well while easing control over small ones；manage large enterprises while adopting a flexible policy toward small ones；focus on the restructuring of major enterprises and leave minor ones to fend for themselves.

"211"工程——到 21 世纪初集中财力、物力，办好 100 所左右具有带头、示范作用的重点高等学校的教育建设工程：Chinese government's endeavor aimed at strengthening about 100 institutions of higher education and key disciplinary areas as a national priority for the 21st century. ②

---

① 杨艳：《汉语缩略语的英译方法》，《今日南国》2009 年第 8 期。

② 骆明琼：《浅议汉英缩略语的对比与翻译》，《民族翻译》2008 年第 1 期。

第三节 翻译缩略词时应该注意的问题

一 要注意"伪缩略语"

如前言中所述，古汉语中单音节词占优势，到了现代汉语时期，古汉语中很多单音节词被双音化，如把"妻"变成"妻子"、"桌"变成"桌子"、"文"变成"文字"等，双音节词的数量激增。古汉语中的成语俗语是建立在单音节词占优势的基础上，如"以权谋私"，"权"可理解为"权利"，"私"可理解为"私利"，但"以权谋私"不是缩略语而是成语。因此，缩略语"必须是后生的"，即缩略语和原式的产生有严格的先后顺序，缩略语一定产生于原式之后，反之就不是缩略语，就是"伪缩略语"。此外，中国行政区划的简称和通称从表面上看就像缩略语和原式的关系，如"冀"是河北省的简称，"晋"是山西省的简称，但是这些简称早已存在，通称是在新中国成立并且确立行政区划单位之后才出现，因此也属于"伪缩略语"。

二 对于有些简缩形式是否为缩略语，学者有不同见解

如"四害"指的是"苍蝇、蚊子、老鼠、臭虫"，"五毒"指的是"蛇、蝎、娱蛤、壁虎、蟾蜍"五种动物，有些学者认为这些不是缩略语，而是统称，原因是"缩略语既是由原词语缩略而来的，缩略语必须是原词语中的文字"。有些学者认为表示原语中并列成分的某一共同特征的标数式简缩形式也应包括在标数式缩略语一类。对此，笔者倾向于后一种观点。

三 缩略语的激增对汉语语言规范性问题提出了挑战

2008 年 1 月 21 日《新闻晨报》"互动·读者"版的"在线聊天"栏目刊登了一位网名为"冰舞蝶裳"的读者遇到的"媒体新词"困惑。该读者以"寒促"一词为例，同时提到 2007 年 8 月教育部公布的 171 个汉语新词，表达了自己对汉语语言文字规范性问题的疑惑。据笔者统计，在这 171 个汉语新词当中，缩略语至少有 40 个，占了近四分之一。这些缩略语有的来自网络用语，如"博斗"、"博文"、"换客"、"晒客"等，有的是社会上出现的新事物新现象的简单描述，如"白奴"、"白托"、"车奴"、"节奴"、"寒促"、"三手病"、"三支一族"、"游贿"、"职粉"等。

这些词语是否规范？是否应该出现在大众媒体中？如何翻译？这些都是值得探讨的问题。笔者认为，即使大众媒体需要使用这些新词新语也应该在上下文中稍加解释，而不应该用加引号的方法敷衍了事。译者遇到这些词时更应谨慎，酌情采取适当的翻译方法进行翻译。①

① 骆明琼：《浅议汉英缩略语的对比与翻译》，《民族翻译》2008 年第 1 期。

参考文献

1. 胡娟、曾勇、黄细燕：《汉译英中成语翻译的研究》，《文教论坛》2007 年第 9 期。

2. 任迎新：《浅谈中文成语的翻译方法》，《吉林华侨外国语学院学报》2007 年第 1 期。

3. 陈秀珍：《汉英成语翻译及其文化因素》，《武警工程学院学报》1999 年第 4 期。

4. 王宁：《汉语成语翻译技巧初探》，《天津职业大学学报》2009 年第 6 期。

5. 龙晓明：《论汉语成语的口译策略》，《时代文学》（下半月）2010 年第 10 期。

6. 叶红卫：《古诗词翻译中常见修辞手法的处理》，《江西科技师范学院学报》2007 年第 3 期。

7. 付华军：《汉诗词英译中的补偿翻译技巧》，《荆门职业技术学院学报》2007 年第 5 期。

8. 李崇月、曹喆：《汉语古诗词中的话语轮换及其翻译》，《贵州大学学报》（社会科学版）2010 年第 4 期。

9. 卢军羽、刘金龙：《论汉语古诗词中拟声词的翻译》，《山东教育学院学报》2008 年第 5 期。

10. 顾森、李崇月：《浅谈词牌名的翻译》，《青岛农业大学学报》（社会科学版）2008 年第 4 期。

11. 冯琰：《小议许渊冲唐诗翻译技巧》，《南昌教育学院学报》2011 年第 1 期。

12. 王宏印：《我的诗词翻译道路和几点思考》，《山东外语教学》2012 年第 3 期。

13. 叶巧莉：《中国古典诗词中数字文化及其翻译的策略取向》，《华中师范大学研究生学报》2004 年第 1 期。

14. 肖婷：《陌生化与中国古典诗词翻译》，《文学界》2011 年第 10 期。

15. 田文菡、张枫：《城市公示语翻译现状剖析及规范化研究》，《前沿》2010 年第 14 期。

16. 朱晓华：《公示语汉英翻译原则浅析》，《英语广场》（学术研究）2012 年第 2 期。

17. 俞碧芳：《公示语汉英翻译中的 chinglish 现象及对策》，《安徽工业大学学报》（社会科学版）2011 年第 2 期。

18. 刘蓉：《公示语汉译英误译的分析》，《外语论坛》2011 年第 29 期。

19. 顾秀丽：《汉语公示语英译问题及应对策略》，《外国语文》2010 年第 4 期。

20. 胡文仲：《外语教学与文化》，上海外语教育出版社 1977 年版。

21. 朱莉：《汉英公示语翻译探析》，《宁波教育学院学报》2011 年第 6 期。

22. 龚璇：《英汉颜色词的文化内涵比较与翻译》，《内江科技》2011 年第 4 期。

23. 郝艳萍、王晓燕：《中西基本颜色词的文化透视及其翻译》，《中国电力教育》2011 年第 5 期。

24. 李小飞：《英语颜色词的翻译方法探讨》，《湖南农业大学学报》（社会科学版）2008 年第 3 期。

25. 王琼：《颜色词"黄色"的中英文化对比与翻译》，《内江科技》2011 年第 7 期。

26. 金瑜：《汉英颜色词"白"与"white"的文化内涵比较》，《考试周刊》2007 年第 17 期。

27. 谷秋菊、马焕喜：《英汉语言中有关"白色"词汇的文化内涵及翻译》，《语文学刊》2011 年第 11 期。

28. 杨琼：《"红色"在中英文化中象征意义和翻译的探讨》，《科技信息》2010 年第 9 期。

29. 郑鸿升：《颜色词"red"和"红"的意义比较》，《四川教育学院学报》2007 年第 10 期。

30. 田春艳、吕淑文：《文化差异与英汉语言中"红色"的翻译》，《徐州工程学院学报》2006 年第 11 期。

31. 陈二春、李彩萍：《英汉颜色隐喻及其翻译："red"与"红色"》，《江西理工大学学报》2009 年第 6 期。

32. 顾建敏：《汉英委婉语的文化差异研究》，《河南大学学报》（社会科学版）2011 年第 1 期。

33. 周丽蕊：《委婉语的类别、功能及其导致的跨文化交际障碍》，《徐州教育学院学报》2001 年第 1 期。

34. 陈黎红：《英汉委婉语比较》，《哈尔滨学院学报》2004 年第 10 期。

35. 张宵：《汉英委婉语对比与翻译策略》，《语文学刊》2009 年第 2 期。

36. 刘璇：《英汉委婉语对比与翻译》，《太原教育学院学报》2004 年 S1 期。

37. 苏慧琴：《歇后语英译特点分析》，《吉林广播电视大学学报》2010 年第 8 期（总第 104 期）。

38. 胡龙青、胡龙春：《歇后语的语言特点及其翻译》，《池州师专学报》2007 年第 1 期。

39. 杨晖：《汉语歇后语中蕴涵的文化及其翻译初探》，《中国校外教育》2008 年第 8 期。

40. 金天杰、李志红：《浅议谚语翻译》，《承德医学院学报》2006 年第 3 期。

41. 王德怀：《翻译谚语的四项原则》，《语言与翻译》2000 年第 3 期。

42. 李庆照、陈典港：《汉英叠词用法研究》，《安徽农业大学学报》（社会科学版）2005 年第 6 期。

43. 刘红珍：《汉语叠词的英译》，《安徽广播电视大学学报》2002 年第 4 期。

44. 于连江：《汉英叠词对比及翻译研究》，《齐齐哈尔大学学报》（哲学社会科学版）2004 年第 11 期。

45. 周笃宝：《汉语叠词与翻译》，《中国翻译》1999 年第 3 期。

46. 蒋小燕、莫有元：《从中英文数字的异同谈其互译策略》，《江西科技师范学院学报》2006 年第 1 期。

47. 唐尔龙：《汉英语言中数词的模糊性及其翻译》，《宿州学院学报》2009 年第 2 期。

48. 王静：《汉语中社会称谓语的文化内涵及其翻译》，《安徽工业大学学报》（社会科学版）2010 年第 2 期。

49. 刘萍：《称谓的语用意义及其翻译》，《重庆交通学院学报》（社会科学版）2003 年第 3 期。

50. 王玉环：《文化差异与亲属称谓翻译》，《毕节师范高等专科学校学报》2002 年第 3 期。

51. 叶玲：《汉英称谓的文化比较与翻译》，《科教文汇》2009 年第 7 期。

52. 邹龙成：《谈谈中国人名及号、衔、称谓等的翻译》，《大学英语》2000 年第 12 期。

53. 胡晓姣：《名片中姓名及称谓的英译》，《高等教育与学术研究》2006 年第 1 期。

54. 黄鸣飞：《汉语计时文化特色词汇英译》，《贵州工业大学学报》（社会科学版）2007 年第 3 期。

55. 唐婷：《从目的论看新闻中文化负载词的翻译》，《科技信息》2012 年第 13 期。

56. 袁思源：《浅析文化负载词汇的翻译》，《河南商业高等专科学校学报》2009 年第 2 期。

57. 李丽敏：《从文化视角看翻译中文化负载词汇的汉译英》，《洛阳师范学院学报》2009 年第 3 期。

58. 张培基：《习语汉译英研究》，商务印书馆 1979 年版。

59. 吴汉周：《汉英动物词语的文化内涵及其翻译策略》，《钦州学院学报》2008 年第 5 期。

60. 林惠英：《中英动物习语的比较及翻译》，《湖南工业职业技术学院学报》2013 年第 2 期。

61. 庄国卫：《中英动物习语文化内涵比较与翻译》，《盐城师范学院学报》（人文社会科学版）2005 年第 4 期。

62. 蔡薇：《动物习语的几种翻译方法》，《山西农业大学学报》，2007 年第 5 期。

63. 鞠秀梅：《汉英语言中动物词语的文化差异与翻译》，《现代阅读》2012 年第 10 期。

64. 骆明琼：《浅议汉英缩略语的对比与翻译》，《民族翻译》2008 年第 1 期。

65. 曾剑平：《汉语缩略语及其翻译》，《中国科技翻译》2003 年第 2 期。

66. 肖云萍：《汉语缩略语的构成及其英译》，《黎明职业大学学报》2003 年第 2 期。

67. 孙杰：《汉英缩略语的构成和翻译比较》，《和田师范专科学校学报》（汉文综合版）2006 年第 6 期。

68. 杨艳：《汉语缩略语的英译方法》，《今日南国》2009 年第 8 期。